Gerhard Teuscher

Widerstand im Nationalsozialismus

Konzeption und Evaluation einer Unterrichtseinheit für Lernen an Stationen

Gerhard Teuscher

WIDERSTAND IM NATIONALSOZIALISMUS

Konzeption und Evaluation einer Unterrichtseinheit für Lernen an Stationen

ibidem-Verlag
Stuttgart

Bibliografische Information Der Deutschen Bibliothek
Die Deutsche Bibliothek verzeichnet diese Publikation in der Deutschen Nationalbibliografie; detaillierte bibliografische Daten sind im Internet über <http://dnb.ddb.de> abrufbar.

∞

Gedruckt auf alterungsbeständigem, säurefreien Papier
Printed on acid-free paper

ISBN: 3-89821-220-3

Printed in Germany

Inhaltsverzeichnis

I. Einleitung

Die Frage, wie Wissen am besten vermittelt wird und wie sich ansprechende Lernergebnisse erzielen lassen, beschäftigt den Lehrbetrieb seit unzähligen Generationen. Dass dabei nicht nur Inhalte von Belang sind, ist keine wirkliche Neuigkeit und hat somit keinen Nachrichtenwert. Versuche mit unterschiedlichen Lernformen gibt es immer wieder. Eine jüngere methodische Großform, das Lernen an Stationen, und verschiedene methodische Kleinformen sollen nachfolgend zusammengeführt werden. So befasst sich diese Arbeit im Kontext von Lernen an Stationen mit Arbeitsmethoden, die der Informationsverarbeitung dienen, erprobt im Fach Geschichte in einer 10. Klasse eines Berliner Gymnasiums.

Das Thema „Widerstand im Nationalsozialismus. Erprobung ausgewählter Methoden zur Informationsverarbeitung im Rahmen von Lernen an Stationen" wird folgendermaßen ausgelegt, später spezifiziert und entsprechend umgesetzt: Widerstand beschränkt sich hier auf das Aufbegehren von Teilen der deutschen Bevölkerung gegen die nationalsozialistische Diktatur, was den Zeitraum der Betrachtung auf die Jahre 1933-1945 eingrenzt und Aktivitäten vor 1933 ausschließt. „Erprobung" bedeutet, dass der Einsatz der Makromethode und der Mikromethoden einen Versuch darstellt, dessen Erfolg unbestimmt ist.[1] Unter Methoden zur Informationsverarbeitung werden Methoden verstanden, die dazu dienen, vorliegende Informationen nicht nur zur Kenntnis zu nehmen, sondern durch Verwendung in einem anderen Kontext im Kurz- bzw. Langzeitgedächtnis zu verankern: Wie werden aus Informationen Kenntnisse?

„Ausgewählt" zeigt an, dass eine adäquate Vorauswahl in Bezug auf die Methoden vorgenommen wird. „Im Rahmen von Lernen an Stationen" drückt aus, dass diese Methoden in das Stationenarbeiten eingebunden sind. Diese Form bildet somit die Makromethode, die Methoden zur Informationsverarbeitung sind Mikromethoden. Die Stationenarbeit wird

---

[1] Eine Spezifizierung der Begriffe „Mikro-" und „Makromethode" erfolgt später.

als Vehikel für die Erprobung der Mikromethoden betrachtet, nicht als das zentrale Element, welches einen expliziten Vergleich mit anderen Makromethoden beinhaltet. Deshalb gilt es auch zu klären, ob der Einsatz von Methoden zur Informationsverarbeitung im Rahmen von Lernen an Stationen praktikabel und sinnvoll ist. Das Korrespondieren der beiden Bereiche ist also von Belang. So ist ein Vergleich mit anderen Makromethoden aus vorausgegangenen Unterrichtsreihen aufgrund abweichender Kleinmethoden nur partiell möglich. Die funktionale Verknüpfung der drei Bereiche Inhalt, Großmethode und Kleinmethoden stellt einen zentralen Aspekt des Vorhabens dar. Folgende Gesichtspunkte stehen bei der Gestaltung der Unterrichtsreihe im Mittelpunkt:

Eignen sich insgesamt Methoden zur Informationsverarbeitung zur Behandlung des Themas „Widerstand im Nationalsozialismus"?

Wie verhält es sich mit der Brauchbarkeit einzelner Methoden im Vergleich?

Ist das Stationenlernen förderlich für die Behandlung des Themas?

Lässt sich durch die einzelnen Stationen die übergreifende Struktur des Unterrichtsthemas für die Schülerinnen und Schüler[2] erkennbar darstellen?

Wie wirkt sich das Stationenlernen auf die Kommunikation und die Kooperation zwischen den Schülern und auf das Verhältnis zwischen Schülern und Lehrer aus?

Fördert das Stationenlernen die Selbständigkeit der Schüler?

Am Ende des Vorhabens wird die Frage zu klären sein, inwiefern die Verwendung von Mikromethoden im Rahmen von Lernen an Stationen zu einem Lernerfolg bei den Schülern führte. Natürlich ist die Thematik ebenso interessant vor dem Hintergrund der ständig aktuellen Diskussion

---

[2] Im Folgenden wird aufgrund der besseren Lesbarkeit im Singular sowie im Plural stets nur die männliche Form angegeben. Dabei ist die weibliche Form - außer in besonderer Hervorhebung - immer mitgemeint.

über eine Verstärkung der Methoden- und Sozialkompetenz der Lernen- den.

II. Methoden zur Informationsverarbeitung - eine Begriffsbestimmung

1. Informationsverarbeitung - was ist das?

Wenn man Lernen vom Produkt her erfasst, dann interessiert vor allem das abrufbare Wissen und damit die Gedächtnisstruktur. Der Terminus Informationsverarbeitung ist kein didaktischer Begriff, sondern entstammt dem Bereich der künstlichen Intelligenz und wurde von der kognitiven Psychologie als ein Modell zur Erklärung interner Abläufe beim Lernen adaptiert. Informationsverarbeitung meint in diesem Kontext die Aufnahme und Weiterleitung von Informationen an eine zentrale Speicher- und Auswerteeinrichtung, dem Gehirn.[3] So beinhalten kognitive Prozesse die Verarbeitung von Informationen; dabei fügt der Mensch Informationen zu seinem überdauernden Wissen hinzu, greift wieder darauf zurück und verwendet dieses Wissen im Rahmen seines Handelns.

Das Verarbeiten von Informationen ist ein Transformieren, Suchen und Vergleichen der Informationen, ein Berechnen bestimmter Größen aus ihnen, das Evaluieren und das Treffen von Entscheidungen. Den Kern dieser Prozesse bildet die Stiftung von Beziehungen: Unverbundene Elemente werden zueinander in Beziehung gesetzt und eine neue Struktur wird erzeugt. Wenn diese von Anfang an vorliegt, werden daran gewisse Beziehungen gelöst und andere neu erstellt, so dass sich die ursprüngliche Struktur in eine neue transformiert.[4]

Nach Gödert ist kognitive Informationsverarbeitung ein Vorgang, der in mehreren Schritten abläuft: „Über die Gesamtheit aller Sinnesorgane wahrgenommene Impulse werden im Gehirn einer Verarbeitung unterzogen, die aus Vergleichen mit vorhandenen Mustern des Gedächtnisses,

---

[3] Holzkamp, Klaus: Lernen. Subjektwissenschaftliche Grundlegung. Frankfurt a.M. 1993, S. 121ff.

[4] Aebli, Hans: Denken: Das Ordnen des Tuns. Bd. 1: Kognitive Aspekte der Handlungstheorie. Stuttgart 1993, S. 7 u. 24.

dem Anpassen an diese Muster beziehungsweise dem Aufbau neuer Muster besteht. Dabei werden insbesondere nicht allein Fakten akkumuliert, sondern es sind immer auch Strukturen beteiligt - vorhandene oder aufzubauende, in die gegebenenfalls Fakten eingepasst werden.“[5] Als Verarbeitungsprozesse betrachtet man somit das Aufnehmen, Speichern, Verändern und Interpretieren von Informationen aus der Umwelt und dem Gedächtnis.[6] Man kann das sichtbare Lernverhalten als eine zielbestimmte Handlung auffassen, die auf internen Planungen und der Auswertung rückgemeldeter Handlungsergebnisse (=Informationsverarbeitung) beruht.[7] Bei der Auseinandersetzung mit Informationsverarbeitung steht natürlich die Speicherung im Kurzzeit- und Langzeitgedächtnis im Vordergrund, dem Ultrakurzzeitspeicher kommt bei deren Betrachtung verständlicherweise kaum Bedeutung zu.[8]

Für die folgenden Ausführungen wird der Begriff „Informationsverarbeitung“ in einer vereinfachten, aber für die Didaktik zulässigen Form verwandt: Informationen sind verarbeitet, wenn aus ihnen Kenntnisse wurden. Daher kann man den Erfolg der Informationsverarbeitung überprüfen, indem man unmittelbar nach der Anwendung der jeweiligen Methode die erworbenen Kenntnisse evaluiert.

---

[5] Gödert, Winfried: Information als eine kognitive Konstruktion - ein Beitrag zum Verständnis des Informationsbegriffes. In: Buch und Bibliothek. H. 3, 1996, S. 274.

[6] Brander, Sylvia: Denken und Problemlösen. Einführung in die kognitive Psychologie. Opladen 1985, S. 13f.

[7] Vgl. Wenzel, Hartmut: Unterricht und Schüleraktivität. Probleme und Möglichkeiten der Entwicklung von Selbststeuerungsmöglichkeiten im Unterricht. Weinheim 1987, S. 48.

[8] Vgl. hierzu Holzkamp, S. 122ff.

2. Methoden zur Informationsverarbeitung

Auf die grundlegende Bedeutung des Methodenlernens für die Schüler soll an dieser Stelle nur partiell eingegangen werden.[9] Im Unterricht dominiert nach wie vor die rezeptive Wissensvermittlung, und dem „Lernen des Lernens“ wird in der Regel nur wenig Platz eingeräumt.[10] Fehlende Methodenkompetenz und gewöhnlich schnelles Vergessen der Lerninhalte sind die Folge. Eine verstärkte Methodenschulung kann dem entgegenwirken, und die Anwendung von Methoden zur Informationsverarbeitung lässt überdies eine längere „Haltbarkeit des Wissens“ (Langzeitgedächtnis) erwarten.

Die verbal-abstrakt lernenden Schüler sind in der Sekundarstufe I in der Minderzahl. Man rechnet die Mehrheit dieser Altersgruppe dem praktisch-anschaulichen Lerntyp zu. Das heißt, dass bei diesen erfolgreiches Lernen am besten in Verknüpfung mit praktischer Lerntätigkeit erreicht wird.[11] „Chancenreich und bildungswirksam zugleich sind erwiesenermaßen aktive, kreative und kooperative Lern- und Arbeitsprozesse, die den betreffenden Schülern konkrete Identifikation ermöglichen, die Konzentration entstehen lassen und greifbare Erfolgerlebnisse mit sich bringen.“[12] Weitere Defizite bei den Lernergebnissen treten auch durch ein einkanaliges und einförmiges Lernen auf. Dem soll der Einsatz verschiedener handlungsorientierter Methoden zur Informationsverarbeitung und

---

[9] Damit und speziell mit den Methoden zur Informationsverarbeitung hat sich ausführlich Heinz Klippert beschäftigt: Methodentraining mit Schülern. Strategisches Lernen im Politikunterricht. In: Methoden in der politischen Bildung - Handlungsorientierung. Hrsg. v. d. Bundeszentrale für politische Bildung. Bonn 1991 *[1991a]*, S. 85-114; und ders.: Methodentraining. Übungsbausteine für den Unterricht. Weinheim 1994.

[10] Klippert, 1994, S. 19ff.; und Mit Freuden lernen. Offene Unterrichtsarbeit 3: Lernen lernen. Hrsg. v. Pädagogischen Zentrum des Landes Rheinland-Pfalz. Bad Kreuznach 1995, S. 10ff.

[11] Klippert, 1994, S. 25.

[12] Ebd., S. 25.

das explizit handlungsorientierte Stationenlernen entgegenwirken.[13] Allerdings kann Stationenlernen mit verschiedenen Methoden nur erfolgreich sein, wenn die Schüler bereits an selbständiges Arbeiten gewöhnt sind und zumindest über einen Grundstock an Methoden verfügen.
Außerdem lassen sich Methoden nur begrenzt lehren, sie müssen praktisch trainiert werden, was deren Ersteinsatz ohne ausschweifende Einführung legitimiert. Eine Vergrößerung des Methodenrepertoires steigert auch die Handlungskompetenz, somit gleichfalls die Selbständigkeit sowie die Selbstbestimmung der Schüler, und lässt eine höhere Motivation erwarten. Darauf wies 1922 schon der Reformpädagoge Hugo Gaudig hin.[14] Zudem beinhaltet der Bildungsbegriff neben dem inhaltlichen und methodischen Lernen ein sozial-kommunikatives wie ein soziales Lernen. Informationen veralten heute schneller als die Methoden zur Informationsgewinnung und auch jene für deren Verarbeitung sowie Speicherung, worauf Vertreter der Wirtschaft immer wieder hinweisen und Methodenkompetenz als Schlüsselqualifikation bezeichnen. Schüler memorieren durch auditive Informationsaufnahme im Durchschnitt lediglich ungefähr 20 %, ca. 30 % von dem, was sie lesen bzw. visuell aufnehmen, jedoch etwa 80- 90 % von dem, was sie sich handelnd aneignen.[15] Ein in der Versuchsklasse durchgeführter Lerntypentest bestätigte erwartungsgemäß diese Ergebnisse.[16] Dies belegt die positive Wechselwirkung zwischen Inhalten und Methoden.
Im Mittelpunkt dieser Arbeit steht jedoch nicht der Erwerb zusätzlicher Methodenkompetenz, sondern die Brauchbarkeit einzelner Methoden

---

[13] Klippert, Heinz: Handlungsorientierter Politikunterricht. Anregungen für ein verändertes Lehr-/Lernverständnis. In: Methoden in der politischen Bildung - Handlungsorientierung. Hrsg. v. d. Bundeszentrale für politische Bildung. Bonn 1991 *[1991b]*, S. 18.

[14] Klippert, 1991a, S. 92.

[15] Klippert, 1994, S. 30.

[16] Nach der Vorlage von Ebd., S. 61. Berücksichtigt wurden der auditive, der visuelle und der handelnde Lerntyp, aber nicht der abstrakt-verbale.

zum Verarbeiten der Lerninhalte. Methoden zur Informationsverarbeitung werden also in Bezug auf ihre Praktikabilität und auf einen Lernerfolg im Unterricht untersucht. Natürlich beinhaltet der Einsatz der ausgewählten Arbeitstechniken auch den Wunsch, dass die Schüler deren Nutzen erkennen und diese häufiger - nicht nur in der Schule - selbständig einsetzen und ihr Arbeiten effizienter gestalten. So wird die Methode gleichfalls zum Lerngegenstand.

Doch was versteht man nun genau unter Methoden zur Informationsverarbeitung? Die angewandten Methoden sind so genannte Mikromethoden. Darunter werden hier instrumentell-handwerkliche Lern- und Arbeitstechniken der Schüler erfasst.[17] Klippert teilt diese Mikromethoden in vier Gruppen ein: Methoden der Informationsgewinnung (1), der Informationsverarbeitung und -aufbereitung (2), des systematischen Übens und Wiederholens (3), der Gesprächsführung und der Kooperation (4).[18]

Nachfolgend interessieren lediglich die Methoden zur Informationsverarbeitung, welche einer produktiven Umsetzung von Informationen dienen. Das Verarbeiten von Informationen setzt schlechterdings eine Informationsbeschaffung und -erfassung wie z.B. systematisches Lesen, Markieren, Symbolisieren und Zusammenfassen voraus. Methoden zur Informationsverarbeitung sind im Wesentlichen Techniken zum Strukturieren, Gestalten, Visualisieren und Schreiben. Die Formgestaltung und die Inhalte sind bei diesen verzahnt. Sollen die Informationen längerfristig im Gedächtnis verankert werden, müssen sie einprägsam aufbereitet und visualisiert werden. „Denn im Zuge dieses Verarbeitungs-, Ordnungs- und Gestaltungsprozesses wird die Sache geklärt und das Gedächtnis mit wichtigen Stützen versehen. Der Schüler wird gleichsam zum Konstruk-

---

[17] Vgl. Klippert, 1994, S. 28 u. S. 34ff. Zur Unterscheidung von Mikro- und Makromethoden siehe auch Handbuch zur politischen Bildung. Hrsg. v. Mickel, Wolfgang W., Bonn 1999, S. 331-496; und Meyer, Hilbert: Unterrichtsmethoden I: Theorieband, Frankfurt a.M. 1987 *[Meyer I]*, S. 20ff., S. 105ff., S. 143ff. und Unterrichtsmethoden II: Praxisband, Frankfurt a.M. 1987 *[Meyer II]*, S. 153ff.

[18] Klippert, 1994, S. 34f.

teur, der beim Gestalten Ordnungen und einprägsame Bezüge entdeckt."[19] Die hier berücksichtigten Methoden zur Informationsverarbeitung lassen sich meines Erachtens in zwei Stufen unterteilen:

Stufe 1: die konstruktive Gestaltung von Tabellen, Diagrammen, Plakaten, Mind-Maps, Schaubildern (Visualisierung)

Stufe 2: das Verfassen eigener Texte[20]

Bei den Methoden der ersten Stufe werten die Schüler (Text-) Informationen aus und fassen sie in aussagekräftigen Tabellen oder anderen graphischen Darstellungen zusammen, übersetzen diese also in schematische Illustrationen. Selbständig (einfache) Strukturen zu bilden bzw. andere visuelle Grundmuster zu entwickeln und Informationen einzuordnen, ist hierbei die Grundlage. Durch Konstruktionsarbeit sowie visuelle Ausgestaltung erhalten die Schüler einen Zugewinn, da sich durch das konstruktive Denken zugleich ihr (rezeptives) Verständnis verbessert.[21] Beim Visualisieren werden eigene gedankliche Verknüpfungen und Verankerungen evoziert.

Bei den Methoden der Stufe 2 steht das Anfertigen eigener Texte im Zentrum. Dabei bildet die Abkehr vom reproduktiven Schreiben den Ausgangsgedanken. Die eigenständig erdachten und formulierten Schülertexte sollten gut vorbereitet, übersichtlich strukturiert und sachlich ausformuliert sein. Auch hier soll eine methodische Routine entwickelt werden.

Die Unterteilung in zwei Stufen lässt sich zugleich damit rechtfertigen, dass in Stufe 2 in der Regel ein höheres Anspruchsniveau vorliegt. So ist der eigenständig erbrachte Anteil gewöhnlich höher als in Stufe 1, da neben der selbst entwickelten Struktur, die oftmals komplexer ist als in der ersten Stufe, und dem Einfügen der Informationen noch ein stringentes und verständliches, somit ein im Ganzen ansprechendes Formulieren

---

[19] Ebd., S. 140.

[20] Die nachstehenden Ausführungen folgen weitgehend ebd., S. 109, S. 140, S. 168, S. 160 u. S. 173.

[21] Vgl. hierzu auch ebd., S. 160.

notwendig ist. Daten und Fakten werden also auf unterschiedlichen Ebenen verarbeitet. Insgesamt sollen diese Methoden dazu beitragen, durch Anwendung der Informationen die Verständnis-, Lern- und Behaltensleistung zu steigern. Wird das vom Schüler tatsächlich erreicht und die erweiterte Kompetenz erkannt, so ist ein auch Motivationsanstieg zu erwarten.

Die Bedeutung der Informationsverarbeitung und damit der Methoden zur Informationsverarbeitung für den Geschichtsunterricht ist Folgende: Zuerst müssen Kenntnisse über einen historischen Gegenstand erworben werden, diese sind zu ordnen, können anschließend auf vergleichbare Gegebenheiten angewendet werden oder gleich eine Beurteilung des Sachverhaltes folgen lassen. Zusammenhänge können allerdings nur beurteilt, also die im Fach Geschichte höchste Lernstufe „Beurteilen" erreicht werden, wenn fundierte Kenntnisse vorliegen, die nachfolgend über die Methoden zur Informationsverarbeitung gewonnen werden sollen. Schüler der Sekundarstufe I müssen also verstärkt auf diese Methoden verpflichtet werden, da der Umgang mit ihnen zunehmend vorausgesetzt wird und die Bedeutung der Beurteilungskompetenz in der Oberstufe zunimmt.[22]

---

[22] Vgl. Dörr, Margarete: Historisches Wissen. In: Handbuch der Geschichtsdidaktik. Hrsg. v. Bergmann, Klaus / Fröhlich, Klaus / Kuhn, Annette. 5. überarb. Aufl. Seelze-Velber 1997, S. 287-289; und Rohlfes, Joachim: Operationalisierung. In: Ebd., S. 367f.

III. Lernen an Stationen

1. Begriffsbestimmung

Lernen an Stationen heißt, dass Schüler an vom Lehrer (eventuell auch von Schülern) gestalteten Arbeitsstationen entsprechend ihrem Lerntempo und ihren individuellen Voraussetzungen selbständig lernen. Materialien und Arbeitsanweisungen, die den Lernenden sonst im Rahmen einer Unterrichtseinheit stückweise überreicht werden, stehen nun von Anfang an auf einmal bereit. Dabei werden in der Regel schriftliche Arbeitsaufträge an den einzelnen Stationen formuliert, und die Schüler können selbst ihre Lernwege und -zeiten gestalten. Die Zugangsweise ist offener und unterschiedliche Ergebnisse sind zugelassen.[23] Diese Methode hat im Sport ihren Ursprung („Zirkeltraining") und findet seit den achtziger Jahren verstärkt Beachtung in anderen Fächern, auch unter den Namen Lernzirkel oder Stationenlernen. Sie wurde zuerst im Grundschulbereich eingesetzt, und ihre Funktionalität im Sekundarbereich (I und II) ist belegt.[24] Diese Unterrichtsform gehört den so genannten Makromethoden an, die relativ komplex und „mit beträchtlichen strategischen und arbeitsorganisatorischen Anforderungen verbunden"[25] sind, wie zum Beispiel auch das Rollenspiel, die Fallmethode, das Planspiel und die Zukunftswerkstatt.

2. Lernen an Stationen - handlungsorientiertes, entdeckendes und selbstgesteuertes Lernen?

Das Stationenlernen gehört zu den handlungsorientierten Unterrichtsformen und b einhaltet gleichzeitig Aspekte selbstgesteuerten und entdeckenden Lernens. Nach Meyer ist handlungsorientierter Unterricht „ein

---

[23] Vgl. Bauer, Roland: Lernen an Stationen. Neue Möglichkeiten schülerbezogenen und handlungsorientierten Lernens. In: Pädagogik. H. 7-8, 1998, S. 26f.

[24] Van der Gieth, Hans-Jürgen: Lernzirkel. Die neue Form des Unterrichts. Kempen 1999, S. 75ff.

[25] Klippert, 1994, S. 34.

ganzheitlicher und schüleraktiver Unterricht, in dem die zwischen dem Lehrer und den Schülern vereinbarten Handlungsprodukte die Organisation des Unterrichtsprozesses leiten, so dass Kopf- und Handarbeit der Schüler in ein ausgewogenes Verhältnis zueinander gebracht werden können."[26] Selbständiges Lernen und Handeln sollen gefördert werden.[27] Für Klippert zielt handlungsorientierter Unterricht insbesondere auf „aktiv-produktives Lernen, Forschen und Entdecken, Planen und Entscheiden, Konzipieren und Gestalten, Diskutieren und Kooperieren ab."[28] Dieser Unterricht bedeutet eine Schülerorientierung und weist auf inhaltlich-fachliches, methodisch-strategisches und sozial-kommunikatives Lernen. Neben der in der Regel recht intensiven Kommunikation und Kooperation der Schüler, die die Sozialform der Partner- oder Gruppenarbeit wünscht, ist der meist breite Raum für die Selbst- und Mitbestimmung der Schüler als wichtiger Aspekt hervorzuheben, der ein Zurücktreten des Lehrers impliziert.[29] Meyer hebt bei der Gruppenarbeit insbesondere die zielgerichtete Arbeit, die soziale Interaktion und die sprachliche Verständigung hervor.[30] „So will der Lernzirkel, der auf einem ganzheitlichen Ansatz beruht, gleichwertig zur Erreichung kognitiver, affirmativer, emotionaler und sozialer Lernziele beitragen."[31]

Ergänzt wird dieser Handlungsprozess gewöhnlich durch eine je spezifische Produktorientierung, das heißt, agiert wird auf ein didaktisch-bedeutsames Handlungsprodukt hin, das im Zentrum der Auswertung steht und den Unterrichtsverlauf transparent macht.[32] Diese Handlungsprodukte resultieren folgend aus den zur Verfügung gestellten Materialien und den angewandten Methoden zur Informationsverarbeitung. Die

---

[26] Meyer II, S. 402.

[27] Van der Gieth, S. 25ff.

[28] Klippert, 1991b, S. 10.

[29] Ebd., S. 16ff.

[30] Meyer II, S. 242.

[31] Van der Gieth, S. 48.

[32] Ebd., S. 18.

Ausführungen zur Handlungsorientierung beziehen sich selbstredend auch auf die Methoden zur Informationsverarbeitung, wurden aber, um eine Doppelung zu vermeiden, erst hier positioniert.

Entdeckendes Lernen meint allgemein „eine an der Praxis der Wissenschaft orientierte Form des Lernens, bei der die Lernenden im Prozess des Nachdenkens über ein Phänomen von sich aus auf grundsätzliche Fragen und Probleme stoßen, sie formulieren, selber über Lösungswege nachdenken und Antworten erarbeiten. [...] Entdeckendes Lernen [...] bezieht sich in der Praxis vorwiegend auf bereits gewonnene Erkenntnisse, an die die Lernenden so herangeführt werden sollen, daß sie ihnen als Lösung objektiver Erkenntnisprobleme einsichtig werden."[33] Im Fach Geschichte erstreckt sich das „Entdecken" hauptsächlich auf die erklärende und verstehende Rekonstruktion des vergangenen Geschehens und Handelns. So kann man einschränkend von einem gelenkten Entdecken sprechen, da der Lehrer in der Regel das Problem und die Leitfrage(n) formuliert. Selbstverständlich müssen dabei geeignete Materialien zur Verfügung gestellt werden, die ersprießliche Ergebnisse zulassen.[34]

Entdeckendes und selbstgesteuertes Lernen lassen sich als ein Teil des handlungsorientierten Unterrichtskonzepts begreifen. Selbstgesteuertes Lernen ist nach Wenzel die „Ermöglichung eines schüleraktiven Unterrichts, der Bildung in einem umfassenden demokratisch-emanzipatorischen Sinne ermöglicht, der befähigt zu Selbst- und Mitbestimmung sowie zu Solidarität."[35] Neber hebt das Lernen als interaktiven Prozess und insbesondere das selbstgesteuerte im Gegensatz zum fremdgesteuerten Lernen hervor.[36] Da aber in der Institution Schule verstärkt fremdsteu-

---

[33] Henke-Bockschatz, Gerhard: Entdeckendes Lernen. In: Ebd., S. 406.

[34] Ebd. S. 408f. Vgl. dazu auch Neber, Heinz: Entdeckendes Lernen. Weinheim 1973, S. 7f.

[35] Wenzel, S. 13.

[36] Neber, Heinz: Selbstgesteuertes Lernen. Psychologische und pädagogische Aspekte eines handlungsorientierten Lernens. Weinheim 1978, S. 13.

ernde Hilfen notwendig sind, kann man hier nur bedingt von Selbststeuerung sprechen. Für das geplante Stationenlernen wird dieses Konzept noch weiter eingeengt, da die Schüler bei der Gestaltung der einzelnen Stationen nicht einbezogen werden und nur eine sehr begrenzte Wahlmöglichkeit bei der Aufgabenauswahl vorliegt.

Beim Stationenlernen werden die Lerninhalte zwar weiterhin von Lehrerseite vorgegeben, „die Art und Weise der Aneignung und Vertiefung rücken jedoch in die Verantwortung der Lernenden. Sie müssen mit den Angeboten selbst das Lernen lernen, eine Eigenschaft, die in Zukunft für lebenslanges Lernen eine Grundvoraussetzung darstellt.“[37] Ein Vorteil dieser Methode besteht darin, dass sich der Lehrer aus dem Zentrum des Unterrichts herausnimmt und zunehmend überflüssiger wird. Das bietet ihm gleichzeitig mehr Raum zum aufmerksamen Beobachten.

Die im Stationenlernen angelegte Form des Unterrichts bietet durch offene Phasen und eigenes Erleben die Möglichkeit, die Entwicklung von Fachstrukturen nachzuvollziehen, zugleich soll sich die Lernfreude steigern. Lernen an Stationen bietet die Möglichkeit, Lösungswege, andere Zugänge zum Stoff und neue Betrachtungsweisen auf diesen alleine oder in der Kleingruppe zu finden, da lediglich der Rahmen für das Lernen zur Verfügung gestellt wird, der Rest aber recht frei ausgefüllt werden kann.[38] Natürlich funktioniert das nicht bei allen Unterrichtsinhalten, und auch hier werden Regeln aufgestellt sowie Hilfen angeboten. Bauer meint dazu: „Wenn sie lernen, sich selbst Probleme und Themengebiete auszuwählen, sich einen Weg für die Erarbeitung zu suchen und festzulegen und dann diesen Weg auch erfolgreich zu gehen, ist dies aus meiner Sicht die ´echte` Freiarbeit.“[39] Diese Unterrichtsform stellt damit einen Pfad zu mehr Selbständigkeit und zu einem gemeinsamen Schülerlernen dar.

---

[37] Bauer, 1998, S. 27.

[38] Bauer, 1997, S. 24f.

[39] Ebd., S. 27.

Natürlich beinhaltet Lernen an Stationen zugleich Nachteile. So ist die direkte und dauernde Überprüfung der Schüler nicht mehr möglich wie in einem stärker lehrerzentrierten Unterricht; beispielsweise ist der Leistungsstand zunächst nicht mehr unmittelbar einzuschätzen. Auch driftet die Schere im Leistungsvermögen der Klasse immer stärker auseinander, was im Sinne einer Leistungsdifferenzierung aber nicht nur negativ, sondern unter Umständen sehr positiv zu bewerten ist, da der einzelne Schüler entsprechend seiner Möglichkeiten, Fähigkeiten und Leistungen besser gefördert werden kann.[40]

3. Lernen an Stationen und Methoden zur Informationsverarbeitung

Lernen an Stationen und die Methoden zur Informationsverarbeitung stehen in einem komplexen und sehr nahen Verhältnis. Bauer hebt die mögliche Arbeitstechniken- und Methodenvielfalt an den Stationen hervor, die ein inhaltlich differenziertes Aufgabenangebot unterstützen.[41] Beim Stationenlernen lassen sich durch die unterschiedliche Gestaltung der einzelnen Stationen auch die verschiedenen Lerntypen berücksichtigen, indem adäquate Lernangebote gemacht werden. Nach Vester ist es zweckmäßig, wenn beim Lernen, also bei der Informationsverarbeitung, trotz bevorzugter Lernarten ein Wechsel der Eingangskanäle vorgenommen wird und möglichst viele Sinnesorgane beteiligt sind.[42] Auch das unterschiedliche Arbeits- und Lerntempo der Schüler kann berücksichtigt werden, was eine positive Lernsituation ermöglicht.

Stationenarbeit scheint ausgezeichnet für einzelne Methoden zur Informationsverarbeitung geeignet zu sein, und das auch mit Gruppenarbeit.[43] Bauer mutmaßt: „Möglicherweise lassen sich durch unterschiedliche So-

[40] Ebd., S. 61.
[41] Ebd., S. 18 u. S. 45.
[42] Vester, Frederic: Denken, Lernen, Vergessen. Stuttgart 1975, S. 120ff.; auch van der Gieth, S. 53f.
[43] Van der Gieth, S. 54ff.

zialformen Phasen des Aufnehmens, Verarbeitens, Vernetzens und natürlich des Speicherns geschickt einbauen und zum Teil auch innerhalb einer Gruppe ideal aufteilen."[44] Er hält ein Umarbeiten von einer Repräsentationsform in eine andere (=Informationsverarbeitung) beim Stationenlernen für ideales Lernen. Eine von den Schülern positiv empfunden gestaltete Lernatmosphäre im Rahmen von Lernen an Stationen kann zu einer „lustvollen Informationsverarbeitung" führen.[45]

Das primäre Ziel dieses Unterrichts ist es, dass die Schüler am Ende über höhere Fertigkeiten, vertiefte Einsichten und mehr Wissen verfügen. „Um dies zu erreichen, sollten unter Berücksichtigung der unterschiedlichen Eingangskanäle und Darstellungsebenen unterschiedliche Zugänge beziehungsweise Umformungen in andere Darstellungsebenen angeboten werden."[46] Handlungen sollen Erkenntnisse und Erfahrungen ermöglichen, die auch überdacht werden. „Verbunden mit einer Reflexion, dem Bewusstmachen, wird die Handlung zur verinnerlichten Handlung und damit im Sinne Piagets zum Denken."[47]

Zudem lässt es das Stationenlernen zu, die Ordnungsstruktur des Inhalts zu verdeutlichen, so dass ein ganzheitliches und vernetztes Lernen ermöglicht wird - ein zentraler Aspekt, der später näher erläutert wird.[48] Partner- oder Gruppenarbeit innerhalb der einzelnen Methoden ermöglichen es den Schülern, sich gemeinsam in vorgegebenen Strukturen zurechtzufinden, miteinander zu arbeiten, untereinander Argumente auszutauschen, sich gegenseitige Hilfen angedeihen zu lassen, Ergebnisse selbst zu verantworten und sich vor allem auf eine konkrete Aufgabe zu konzentrieren, die eine Herausforderung darstellt.[49] Differenzierte Aufgabenangebote steigern die Neugier und die Aufmerksamkeit der Schü-

---

[44] Bauer, 1997, S. 50.

[45] Ebd., S. 56. Vgl. auch Bauer, 1998, S. 27.

[46] Bauer, 1997, S. 99.

[47] Ebd., S. 99.

[48] Van der Gieth, S. 57.

[49] Vgl. dazu auch Bauer, 1998, S. 26.

ler. Dazu trägt gleichfalls der so genannte Rätseleffekt bei, da der Schüler z.B. nie weiß, was ihn an der nächsten Station erwartet. Außerdem wird das Aufsuchen der einzelnen Stationen dem natürlichen Bewegungsdrang gerecht. All dies schafft zusätzliche Motivation.

IV. Voraussetzungen der Lerngruppe

1. Allgemeine und inhaltliche Voraussetzungen

Das Thema „Nationalsozialismus und 2. Weltkrieg“ ist laut Rahmenplan Stoff der 9. Jahrgangsstufe. Mit dessen Erarbeitung wurde in dieser Klassenstufe, kurz vor den Sommerferien, auch begonnen. Der Grund für den zeitlichen Verzug liegt darin, dass die Klasse, als ich sie übernahm, mit dem Unterrichtsstoff ein knappes halbes Jahr im Rückstand war. Um diesen aufzuholen, wurde sinnvoll gekürzt.
Die Versuchsklasse eines Berliner Gymnasiums besteht aus 17 Schülerinnen und zwölf Schülern. Die Klasse ist recht homogen und weist keine wirklichen Außenseiter auf. Ich unterrichte diese seit Beginn des Schuljahres 1999/2000 und üb e seitdem die Funktion des stellvertretenden Klassenleiters aus, was auch ein fruchtbares Zusammentreffen außerhalb des Klassenraumes (an Wander- und Projekttagen) ermöglichte. Die Zusammenarbeit lässt sich bisher als konstruktiv und partnerschaftlich charakterisieren. Die Lerngruppe beinhaltet drei Schüler, Christian, Herbert und Esther, die ein weit überdurchschnittliches Geschichtsinteresse haben; diese und drei weitere, Astrid, Stefan und Michael, sind bei der mündlichen Beteiligung herausragend: Daher musste verstärkt darauf geachtet werden, dass auch andere Schüler intensiver mit einbezogen werden.
So hat sich die bei der Übernahme der Klasse recht zurückhaltende mündliche Teilnahme positiv entwickelt, so dass sehr häufig Diskussionen entstehen, bei denen sich der Lehrer sehr zurücknehmen kann und lediglich lenkend wirkt. Wobei etwa acht bis zwölf Schüler den Kern der Diskutanten bilden (mit wechselnden „Zugängen“). Insgesamt ist eine hohe Kompetenz im Bereich der Urteilsbildung vorhanden.
Natürlich gibt es in der Klasse auch einige Schüler, die gewisse Vorbehalte gegenüber dem Fach Geschichte hegen und deren Leistungen nicht zufriedenstellend sind. Die regelmäßigen Hausaufgaben werden ange-

messen erledigt, und bezogen auf vorhandene und erarbeitete Kenntnisse kann die Klasse insgesamt als leicht überdurchschnittlich leistungsstark charakterisiert werden.
Zu Beginn des Unterrichtsvorhabens sind aus dem Themenkomplex „Nationalsozialismus und 2. Weltkrieg“ die gesellschaftlichen, innen- und außenpolitischen sowie wirtschaftlichen Aspekte und das Wesen der NS-Diktatur erarbeitet. Die Thematisierung der ganzen Reihe lautet: „Nationalsozialismus von 1933-1945 - die unvermeidbare deutsche Katastrophe?“ Vakant sind zu Beginn des Unterrichtsvorhabens lediglich der Verlauf des 2. Weltkrieges und der Massenmord an den Juden in Europa. Der Umgang mit der jüdischen Bevölkerung in Deutschland von 1933 -45 wurde bereits behandelt, so dass die Voraussetzungen zur Bearbeitung des deutschen Widerstandes vorhanden sind. Eine vertiefende Darstellung erfuhr der Themenkomplex „Nationalsozialismus und 2. Weltkrieg“ durch eine von mir organisierte Exkursion, die die Klasse ins Haus der Wannseekonferenz (Berlin) führte und durch Kleingruppenarbeit zu Einzelaspekten bestimmt war.
Eine namentlich gekennzeichnete Erhebung vor Beginn der Reihe in Form eines Fragebogens zu den Kenntnissen über den Widerstand zeigte, dass die Schüler bei einem Auswahlangebot zumindest die Namen einiger Widerstandskämpfer (z.B. aufgrund von Straßennamen und Plätzen) kannten, wenn sie diese auch nicht immer mit dem Widerstand in Verbindung gebracht hätten, wie einige freimütig einräumten. Am häufigsten wurden die Namen Stauffenberg und Weiße Rose bzw. Geschwister Scholl angeführt sowie Dietrich Bonhoefffer und Pastor Martin Niemöller, nach denen Straßen bzw. Plätze im näheren Umfeld der Schule benannt sind. Der größte Teil der Klasse konnte sich unter Widerstand im Nationalsozialismus konkret etwas vorstellen, partiell waren auch brauchbare, allgemein gefasste Kurzdefinitionen erstellt worden. Dem Datum 20. Juli 1944 ordnete knapp die Hälfte der Schüler das richtige Ereignis zu. Zu den Aktivitäten und Zielen der Widerständler wurden

vornehmlich nur allgemeine Angaben gemacht.
Insgesamt zeigte die Befragung, dass ein Großteil der Lernenden über einige Grundkenntnisse zum Thema Widerstand verfügt, was in dieser Form nicht unbedingt zu erwarten war. Eine Änderung in der Konzeption der Reihe schien mir dennoch nicht erforderlich. Die Bedeutung einer solchen Befragung fasst Bauer adäquat zusammen: „Das Wissen über die Ausgangssituation und die spätere Endstation beschreibt als den dazwischen liegenden Teil den Lernprozess beziehungsweise den Lernzuwachs."[50]

2. Methodische Voraussetzungen

Die Schüler wurden im Geschichtsunterricht der 9. und 10. Klasse bereits mit vielfältigen Methoden vertraut gemacht. Im Zentrum standen Techniken zur Informationserfassung, (wie z.B. zum systematischen Lesen) und zur Visualisierung von Sachverhalten. Trotzdem sind ihnen nicht alle im Folgenden herangezogenen Methoden bekannt. Vertraut ist ihnen das Anfertigen von Protokollen (aus dem Deutschunterricht, einmalig im Geschichtsunterricht), Mind-Maps, Tabellen, Diagrammen, Schaubildern und (Lern-) Plakaten. Das Verfassen von Flugblättern und die Umwandlung eines Textes in ein Interview stellt für die Schüler etwas Neues dar.
In einer weiteren (anonymen) Befragung[51] gab etwa die Hälfte der Schüler an, dass sie beim längerfristigen Behalten von Lernstoff mittlere Werte erreichen - bei einer Wahl zwischen den Parametern „eher leicht", „eher schwer" und „mittel". Je rund ein Viertel fällt dies eher schwer bzw. eher leicht. Eine Tabelle oder ein Schema zu erstellen oder Lernstoff übersichtlich zusammenzufassen, fällt rund zwei Dritteln der Schüler eher leicht, zwei Lernenden eher schwer und fünf liegen dazwischen. Etwa das gleiche Ergebnis erbrachte die Frage nach dem Verfassen von Protokol-

---

[50] Bauer, 1997, S. 94.

[51] Der Fragebogen setzte sich aus zwei Vorlagen zusammen: Klippert, 1994, S. 23 u. S. 43.

len und anderen eigenen Schriftstücken. Fremde Texte rasch zu lesen und zu verstehen sowie das Wichtigste herauszufinden, fällt den meisten eher leicht und nur wenigen schwer. Die größtenteils positive Selbsteinschätzung der Schüler deckt sich nicht in allen Punkten mit meinen Beobachtungen. Doch ist die Tendenz richtig, dass die Klasse über eine ansprechende Methodenkompetenz verfügt.
Die Unterrichtsform „Lernen an Stationen“ ist den Schülern nicht bekannt, so dass deren Einführung einiger Erläuterungen bedarf. Da die Schüler allerdings an selbständiges und handlungsorientiertes Arbeiten gewöhnt sind, erwarte ich im Hinblick auf ein sinnvolles Ausfüllen der gegebenen Freiräume keine größeren Probleme. Als ich die Klasse übernahm, war diese im Fach Geschichte mit Gruppenarbeit überhaupt nicht vertraut, in anderen Fächern gab es diese Sozialform nach Schüleraussagen nur höchst selten. Deren Einführung traf zu Anfang auf enormen Widerstand, der Großteil der Schüler wünschte sich den von ihnen geschätzten Frontalunterricht. Obwohl regelmäßig praktiziert, stieß diese erst etwa gegen Ende des ersten Halbjahres der 9. Klasse auf eine breite Akzeptanz. Den von mir angepriesenen Wert für ihr eigenes Lernen (auch als Schlüsselqualifikation) haben sie zwischenzeitlich erkannt und diese Arbeitsform verinnerlicht.

V. Planung der Unterrichtsreihe: Didaktisch-methodische Überlegungen

1. Sachstrukturanalyse und daraus resultierende Gestaltung der Stationen

1.1 Der Widerstandsbegriff

Im Rahmenplan wird als Lernziel die „Kenntnis des organisierten und nicht-organisierten Widerstandes“ angegeben.[52] Die in der Einleitung bereits dargelegte Beschränkung auf den Widerstand der deutschen Bevölkerung in Deutschland gegen den nationalsozialistischen Staat ergibt sich unter anderem aus dessen Komplexität und schwierig zu erfassenden Struktur. Eine Ausdehnung auf den Widerstand der Bevölkerung in den von Deutschen besetzten Gebieten ist aufgrund unterschiedlicher Ausgangsbedingungen und d essen Andersartigkeit nicht opportun. Das gilt gleichfalls für den Widerstand aus dem Exil. Beide Formen werden aber noch im Rahmen der Behandlung des 2. Weltkrieges kurz thematisiert. Zudem illustriert die Einengung auf den deutschen Widerstand sehr ausdrucksvoll den Vergleich zwischen diesem und der Anpassung (Mitläufertum) im NS-Staat.

An dieser Stelle muss eine allgemeine Einführung über den deutschen Widerstand im Nationalsozialismus genügen, eine Vertiefung erfolgt im nächsten Kapitel bei der Verknüpfung des Themas mit den einzelnen Stationen. Der deutsche Widerstand im Nationalsozialismus ist eine äußerst umfassende und sehr kontrovers diskutierte Materie. Dessen Forschungsstand kann hier jedoch nicht referiert werden.[53] Er hat in der politischen

---

[52] Vorläufiger Rahmenplan für Unterricht und Erziehung in der Berliner Schule: Fach Geschichte. Klassen 7 bis 10. Hrsg. v. d. Senatsverwaltung für Schule, Berufsbildung und Sport. Berlin 1995, S. 4.

[53] Siehe dazu: Widerstand gegen den Nationalsozialismus. Hrsg. v. Steinbach, Peter / Tuchel, Johannes. Bonn 1994, S. 553-622.

Kultur und der politischen Bildung der Bundesrepublik Deutschland seinen festen Platz.

„Im Widerstand, so lautet heute das nahezu einhellige Urteil, verkörpert sich eine politische, nicht zuletzt aber auch moralische und ethische Alternative deutscher Politik, die nach der Befreiung vom Nationalsozialismus den Weg Deutschlands in die Nachkriegsordnung erleichterte."[54]

Im Bewusstsein der Bevölkerung, aber auch lange Jahre in der bundesrepublikanischen Forschung wurde der Widerstand mit den Hitler-Attentätern des 20. Juli 1944 gleichgesetzt. In den 60er und 70er Jahren gewannen dann andere Gruppen bzw. Einzelpersonen größeres Interesse, was eine inhaltliche Differenzierung des Widerstandsbegriffes zur Folge hatte, „der nun Elemente des Protestes, des Konfliktes, der Widerstandsfähigkeit im Sinne gruppen- und regionalspezifischer Resistenz, überdies der Dissidenz enthielt."[55]

Das führte dazu, dass der im Alltag erbrachte Widerstand stärker beachtet wurde. Dieser erweiterte Widerstandsbegriff wird für das Folgende zugrunde gelegt. Dessen Bandbreite fasst Benz adäquat zusammen: „Zum Widerstand rechnet man damit auch diejenigen, die sich weder durch Lockung noch durch Zwang vom Nationalsozialismus vereinnahmen ließen; die ihre geistige Unabhängigkeit, ihre demokratische oder rechtsstaatliche Überzeugung, die Werte und Normen ihres Milieus - etwa im Rahmen der Arbeiterbewegung oder innerhalb kirchlicher oder sonstiger religiöser und weltanschaulicher Bindungen - bewahrten."[56] Um die umfassenden

---

[54] Steinbach, Peter: Der Widerstand gegen die Diktatur. Hauptgruppen und Grundzüge der Systemopposition. In: Deutschland 1933-1945. Neue Studien zur nationalsozialistischen Herrschaft. Hrsg. v. Bracher, Karl-Dietrich / Funke, Manfred / Jacobsen, Hans-Adolf. 2., erg. Aufl. Bonn 1993, S. 453.

[55] Ebd., S. 453.

[56] Benz, Wolfgang: Widerstand: Zur Definition eines schwierigen Begriffs. In: Informationen zur politischen Bildung: Deutscher Widerstand 1933-1945. Hrsg. v. Bundeszentrale für politische Bildung. Bonn 1994, S. 8.

Strukturen des Widerstandes für Schüler anschaulich zu machen, ist es sinnvoll, eine graphische Darstellung von Peukert heranzuziehen.[57]

Stufen abweichenden Verhaltens im Dritten Reich

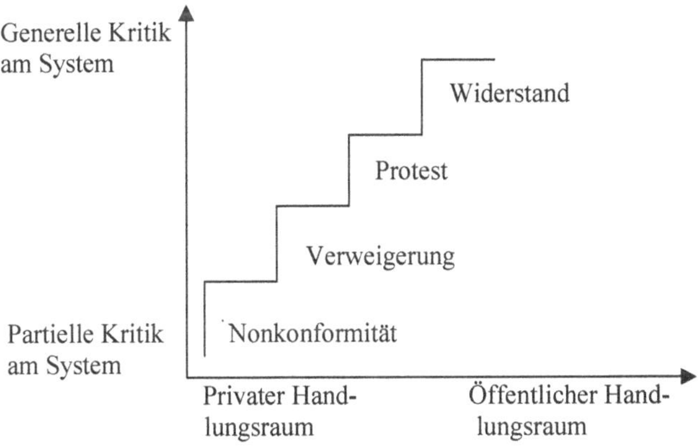

Nonkonformität ereignete sich in der Regel in privaten Räumen und umfasste einzelne Normverletzungen, die meist nicht das ganze System in Frage stellten. Verweigerung beinhaltete einen bewussten Widerspruch gegen Anordnungen des Staates, war genereller und oft politisch gegen den Staat orientiert. Der Protest enthielt eine noch konsequentere Ablehnung des Systems, war öffentlich und richtete sich häufig gegen einzelne Aktivitäten des Regimes. „Als Widerstand würden wir in dieser Skala abweichenden Verhaltens dann jene Verhaltensformen bezeichnen, in denen das NS-Regime als Ganzes abgelehnt wurde und Maßnahmen zur Vorbereitung des Sturzes des NS-Regimes im Rahmen der Handlungsmöglichkeiten des jeweils einzelnen Subjekts getroffen wurden.“[58] Die Grenzlinien zwischen den skizzierten Formen des Widerstandes sind fließend. Nonkonformität und Verweigerung hatten häufig ihren Ursprung in persönlicher Unzufriedenheit mit dem Staat, spielten sich also weitge-

---

[57] Peukert, Detlev: Volksgenossen und Gemeinschaftsfremde: Anpassung, Ausmerze und Aufbegehren unter dem Nationalsozialismus. Köln 1982, S. 97.

hend im privaten Bereich ab, und Protest und Widerstand waren eindeutig bewusst politischer und enthielten vielfach eine konkrete widerständige Zielorientierung.

Auch wenn wegen einer teilweisen Vereinfachung der Zusammenhänge gegen diese Stufen-Darstellung Einwände erhoben wurden,[59] so ist diese doch geeigneter zur Veranschaulichung des komplexen Gegenstandes als beispielsweise das Modell von Löwenthal, der zwischen politischer Opposition, gesellschaftlicher Verweigerung und weltanschaulicher Dissidenz unterscheidet.[60] Allerdings scheint jene wiederum brauchbarer als die häufiger anzutreffende bloße Trennung zwischen aktivem und passivem Widerstand, da sie stärker differenziert. Desgleichen kann die Unterteilung in z.B. militärischen, bürgerlichen, parteipolitischen, kirchlichen, Jugend- und Arbeiter-Widerstand die übergreifende Struktur nicht ausreichend verdeutlichen, da hier gewöhnlich nur die beiden höchsten Stufen des Widerstandes erfasst werden. Peukerts Darstellung und zum großen Teil auch andere Widerstandsmodelle harmonieren darin, dass als Widerstand im engeren Sinne „nur die auf den Sturz des Regimes zielenden Aktivitäten bezeichnet werden, der umfangreiche Rest hingegen als Vorform desselben.“[61]

Bei der Behandlung des Widerstandes lässt sich ausnehmend klar das Wesen der nationalsozialistischen Diktatur erkennen, da das Thema in den Gesamtzusammenhang der NS-Herrschaft / Politik integriert ist und ein vielfältiges Beziehungsgeflecht existiert. Neben der Vermittlung his-

---

[58] Ebd., S. 98f.

[59] Paul, Gerhard: Die widerspenstige „Volksgemeinschaft“. Dissens und Verweigerung im Dritten Reich. In: Widerstand gegen den Nationalsozialismus. Hrsg. v. Steinbach, Peter / Tuchel, Johannes. Bonn 1994, S. 410.

[60] Löwenthal, Richard: Widerstand im totalen Staat. In: Widerstand und Verweigerung in Deutschland. Hrsg. v. Löwenthal, Richard / von zur Mühlen, Patrik. Bonn 1997, S. 11-24.

[61] Sommer, Wilhelm: Widerstand im Nationalsozialismus. In: Geschichte lernen: Widerstand im Nationalsozialismus. H. 40, 1994, S. 12.

torischer Kenntnisse und der Erinnerungsarbeit muss in einem solchen Unterricht auch eine politische Urteilsbildung ermöglicht werden.

1.2 Verknüpfung von Sachstruktur, Methoden zur Informationsverarbeitung und Lernen an Stationen

Der Rahmenplan für Geschichte hebt die Verknüpfung von Methoden und Lerninhalten hervor.[62] Die Gründe für die Behandlung des Themas „Widerstand im Nationalsozialismus" in Kombination mit den ausgewählten Methoden sind folgende: Die Großmethode Lernen an Stationen eignet sich hierfür besonders, da der Widerstand ein Gebiet mit sehr vielen Einzelfacetten ist, das sich derart adäquat darstellen lässt. Einerseits hat man die große Zahl von Einzelpersonen oder Gruppen, die Widerstand gegen den Staat leisteten und auf der anderen Seite die verschiedenen dazugehörigen Formen / Stufen des Widerstandes. So bietet es sich an, einzelne ausgesuchte Personen bzw. Gruppen an je einer Station abzubilden und diese verschiedenen Stufen zu entnehmen, um am Schluss - nach dem Durchlaufen der ersten fünf bzw. sechs Stationen - in einer arbeitsgleichen Station diese Stufungen herausstellen zu lassen, so dass es zu einem erweiterten Verständnis der übergreifenden Struktur des Widerstandes kommt. Die Stationen sollen also das ganze Spektrum des deutschen Widerstandes gegen den Nationalsozialismus aufzeigen.
Die Wahl von Methoden zur Informationsverarbeitung und nicht von Methoden zur Informationsbeschaffung und -erfassung für die Stationen ergibt sich aus der höheren Behaltensleistung dieser Anwendungen. Die präsentierten Formen lassen sich solchermaßen besser memorieren, aus Informationen werden Kenntnisse. Die erarbeiteten Inhalte erscheinen den Schülern später auch immer in Verbindung mit einer Methode, so dass dies auch eine Art Mnemotechnik (Assoziationsdenken) darstellt.

---

[62] Vorläufiger Rahmenplan für Unterricht und Erziehung in der Berliner Schule: Fach Geschichte. Klassen 7 bis 10. S. 0.3 (Vorwort). Dort finden sich keine weiteren Angaben zu methodischen Aspekten.

Die Vielfalt der herangezogen Informationsquellen und das Verwenden sechs verschiedener Methoden verschafft Abwechslung und trägt zur Steigerung der Motivation bei. Überdies lässt sich eine weitere Variabilität durch eine Stufung der Methoden vornehmen: 1. konstruktive Visualisierung, 2. Verfassen eigener Texte. Methoden zur Informationsverarbeitung lassen sich aufgrund ihrer Abgeschlossenheit gut beim Stationenlernen einsetzen.[63] Das Thema Widerstand wird mittels ausgesuchter Methoden zur Informationsverarbeitung selbständig und interagierend von den Schülern erschlossen, so dass sie nach der Stationenarbeit ein neues Kenntnisniveau haben. Diese Methoden gehören zum Handlungsrepertoire des Geschichtsunterrichts.

1.3 Methodische Hinweise zum geplanten Stationenlernen

Insgesamt stehen den Schülern sieben Stationen für die Erarbeitung zur Verfügung. Die ersten fünf können in beliebiger Reihenfolge durchlaufen werden. Anschließend wird die Stationenarbeit im eigentlichen Sinne aufgelöst, und es erfolgt das gleichzeitige Arbeiten aller an der Schlussstation (7), wo die bisher erworbenen Kenntnisse zusammengeführt werden: Darstellung der übergreifenden Struktur des Widerstandes. Für diejenigen, die früher ihre Arbeit an den Stationen 1 bis 5 abschließen, steht eine Zusatzstation (6) zur Verfügung, so dass alle Schüler zeitgleich mit dem Zusammenführen der Ergebnisse an der Schlussstation beginnen und eine gemeinsame Beendigung der Stationenarbeit möglich wird, die in die Auswertung der Resultate mündet. Ein nicht zeitgleicher Anfang der Schlussstationenarbeit bedeutete einen Wissensvorsprung einzelner Gruppen, der es später Beginnenden nicht erlaubte - möglicherweise aufgrund eines Informationsaustauschs unter den Gruppen - selbst zu praktikablen Resultaten zu gelangen. Zusätzlich wird auf diese Weise eine Zäsur gesetzt, die augenscheinlich macht, dass es jetzt noch einmal schwie-

---

[63] Weitere Ausführungen dazu finden sich bereits im Kapitel III.3.

rig wird. Die Begrenzung auf sechs bzw. sieben Stationen verhindert eine unangemessen lange Bearbeitung der Thematik. So erfolgt nach einer Einführungsstunde eine vierstündige Stationenarbeit, die in weiteren 90 Minuten ausgewertet wird.

Die ersten sechs Stationen beinhalten ein Hörspiel, einen Filmausschnitt und eine auf einem Computer zugängliche CD-Rom sowie drei gedruckte Texte. Station 7 greift ausschließlich auf die Materialen der ersten fünf bzw. sechs Stationen zurück. Für den Einsatz von Filmsequenzen, Audiogeräten und Computern plädiert auch Bauer, weil damit verschiedene Eingangskanäle bedient werden können.[64] Da das Unterrichtsvorhaben aus organisatorischen Gründen in *einem* Klassenraum stattfindet, ist darauf zu achten, dass durch die audiovisuellen und auditiven Medien keine Störungen entstehen. Daher werden die beiden Kassettenrekorder, die das Hörspiel transportieren, mit je vier Kopfhörern ausgestattet,[65] so dass an dieser Station zeitgleich acht Personen arbeiten können. Der Fernseher mit dazugehörigem Videorekorder wird gleichfalls mit Kopfhörern ausgerüstet und derart in einer Ecke des Klassenraumes positioniert, dass der Film nur von der Sichtungsgruppe eingesehen werden kann und die restlichen Schüler nicht abgelenkt werden. Für den Computer wird in einer anderen Ecke des Saales genügend Arbeitsraum geschaffen und ein ansprechend großer Bildschirm (19 Zoll) bereitgestellt, so dass auch Gruppen mit vier Schülern noch zweckmäßig daran arbeiten können.

Nach der Informationsaufnahme an diesen drei Stationen sollen sich die Schüler jeweils an freie Plätze des Klassenraumes begeben und dort ihre Arbeit fortsetzen, so dass andere Schüler ihre Tätigkeit aufnehmen können. Die drei mit gedrucktem Ausgangsmaterial ausgestatteten Stationen und die Abschlussstation bieten von vornherein die Möglichkeit, an selbst gewählten Stellen zu arbeiten. Insgesamt ist der Klassenraum für

---

[64] Bauer, 1997, S. 62, S. 122 und S. 128.

[65] Das lässt sich sehr einfach mit einer größeren Anzahl von Verteilersteckern realisieren.

ein solches Vorhaben groß genug und mit ausreichend Tischen und Stühlen versorgt.
Die Handlungsorientierung und damit das selbständige Arbeiten stehen bei dem Unterrichtsvorhaben im Vordergrund. Die Funktion des Lehrers ist die des Ansprechpartners für eventuell auftretende Fragen und Lernschwierigkeiten, er nimmt im Wesentlichen nur beratend und beobachtend teil. Den Schülern wird die Sozialform grundsätzlich freigestellt,[66] aber Partner- oder Gruppenarbeit nahe gelegt, da es zu längeren Wartezeiten an den Stationen käme, wenn alle in Einzelarbeit tätig wären. Außerdem fördern diese Arbeitsformen die Kompetenz im Bereich Kommunikation sowie Kooperation und lassen bessere Ergebnisse erwarten. Zu Beginn der Erarbeitung wird den Schülern mitgeteilt, dass die in der Auswertungsphase Präsentierenden per Los ausgewählt werden. Dies unterstützt die Vorstellung, dass sich alle Mitglieder intensiv mit den Arbeitsaufträgen befassen und es z.B. zu keinem Rückzug Einzelner aus der Gruppenarbeit kommt.
Die Arbeitsaufträge der ersten fünf Stationen werden auf einem separaten Tisch ausgebreitet. Derjenige für die Zusatzstation wird nach Bedarf einzeln verteilt und nicht sofort zugänglich gemacht, da diese Station einen wirklichen Zusatz darstellt, der für das Erreichen eines zentralen Unterrichtsziels - das Erkennen der Struktur des Widerstandes - nicht notwendig ist, sondern lediglich eine (verzichtbare) Ergänzung darstellt. Der Arbeitsauftrag der Schlussstation wird erst nach Beendigung der Arbeit an den ersten fünf bzw. sechs Stationen bekannt gegeben, da er der Darstellung und der Überprüfung des Erkennens der Struktur des Widerstandes dient und damit einen Teil des Lernerfolges bestimmt.
Die Unterrichtsform wird zu Beginn des Vorhabens (nach der Einführungsstunde) erörtert und ein dazugehöriges Arbeitsblatt zu den Verhaltensregeln ausgeteilt. Das Leitmotto lautet: Lernen an Stationen bietet

---

[66] Dafür plädiert Bauer, da so die individuelle Neigung der Schüler berücksichtigt wird. Bauer, 1997, S. 73.

viele Freiräume, verlangt von dir aber auch eine große Arbeitsdisziplin! Zudem werden die einzelnen Stationen in einem Rundgang erläutert und eine schriftliche Übersicht über die zu erarbeitenden Inhalte verteilt, so dass ein Gesamtüberblick gegeben ist, der auch eine zeitliche Planung erleichtert. Das Erstellen eines aussagekräftigen Produktes sowie das O-rientieren an den zeitlichen Vorgaben, das ein etwa zeitgleiches Beenden der Arbeit verspricht, werden hervorgehoben. Die auf den Arbeitsblättern angegebenen Zirka-Arbeitszeiten sollen ein nachlässiges Agieren verhindern, aber auch keinen Stress für die Schüler erzeugen. Der Arbeitsplatz soll verlassen werden, wie er angetroffen wurde (z.B. Rückstellung der Medien auf den Ausgangspunkt), um unnötige Komplikationen für Nachfolgende zu vermeiden.

Da eine verlässliche Überprüfung des Erfolgs der Informationsverarbeitung durch die Methoden nur direkt am Anschluss an die Arbeit an einer Station geleistet werden kann, sind die Schüler angehalten, unmittelbar und in Einzelarbeit Fragebögen zu den Inhalten der einzelnen Stationen auszufüllen, die den Kenntnisgewinn evaluieren und sogleich eingesammelt werden, was ein motiviertes Antworten verspricht. Die erzielten Produkte werden ebenfalls nach der Beendigung der Arbeit an einer Station einbehalten sowie vom Lehrer begutachtet (ohne Notengebung) und vor Beginn der Arbeit an der Schlussstation als Arbeitsgrundlage wieder ausgeteilt. Das Einsammeln soll für zusätzlichen Antrieb bei der Erarbeitung sorgen, gleichermaßen der Hinweis, dass eine Beobachtung der Kommunikation und Kooperation stattfindet.

Bauer und van der Gieth propagieren für das Lernen an Stationen eine Wahlmöglichkeit zwischen den Arbeitsaufträgen innerhalb einer Station. Weiterhin halten sie es für angebracht, dass die Schüler zwischen einzelnen Stationen wählen können, also nicht alle Schüler alle Stationen durchlaufen.[67] Diesen Forderungen ist grundsätzlich zuzustimmen. Die beiden Gesichtspunkte wurden bei der Zusammenstellung der Stationen

---

[67] Bauer 1997, S. 59 und S. 75; und van der Gieth, S. 59.

allerdings nicht berücksichtigt, da es zu einer kaum überschaubareren Stationen- und damit auch der Widerstandsstruktur käme: Die Auswahl der verschiedenen Informationsquellen ist genauestens aufeinander abgestimmt, so dass am Ende des Durchlaufs der ersten fünf Stationen die Struktur des Widerstandes erkannt werden sollte. Obiges hätte die Auswertung der Stationenergebnisse enorm erschwert. Darüber hinaus ließen sich nicht immer einfach adäquate und nutzbringende Alternativquellen bzw. -arbeitsaufträge finden. Bei verschiedenen Informationsquellen mit unterschiedlichen Arbeitsaufträgen wären zudem die erzielten Produkte nur bedingt vergleichbar und die Methoden der Stufen 1 und 2 schwerlich gleich verteilt. Außerdem würde der Aufbau eines zweiten Fernsehers, Computers oder Kassettenrekorders eindeutig die Kapazität des Klassenraumes überschreiten und ein sinnvolles und weitgehend ungestörtes Arbeiten verhindern. Grundsätzlich erscheinen mir Alternativaufträge und -stationen auch nur angebracht, wenn die Basiselemente für alle verbindlich sind. Da hier grundsätzlich jede Station ein Basiselement und nur einen, meist inhaltlich wie zeitlich umfangreichen Arbeitsauftrag enthält, ist es sinnvoller, eine Zusatzstation zu entwerfen, die nach dem Durchlauf der ersten fünf Stationen bearbeitbar und somit nicht für alle verpflichtend ist. So wird der o.g. zweiten Forderung zum Teil Rechnung getragen.

Aufgrund der komplexen Beschaffenheit der Stationen - Auswahl von Widerstandsbeispielen, die dessen Struktur aufzeigen, zu den Inhalten passende verschiedene Informationsquellen und deren Verbindung mit unterschiedlichen adäquaten Methoden - wurden die Schüler nicht an der Planung der Stationenarbeit beteiligt. Zumal ein Einbeziehen schon einiges über die Struktur des Themas, ein zentrales Lernziel, preisgegeben hätte.

In der Einführungsstunde zum Widerstand (vor der Stationenarbeit) wurde eine vorläufige Definition von Widerstand im Nationalsozialismus erstellt, Artikel 20 des Grundgesetzes (Staatsstrukturprinzipien, Wider-

standsrecht) erarbeitet und daraus resultierend von den Schülern die Frage nach den Voraussetzungen für heutigen Widerstand aufgeworfen und diskutiert sowie die dem Absatz 4 dieses Artikels innewohnende Problematik konstatiert.
Daran anknüpfend erarbeiteten die Schüler anhand eines Textes zur deutschen Widerstandsproblematik und ihren historischen Ursachen die grundlegenden Ausgangsbedingungen für Widerstand im Nationalsozialismus. Die Lebensumstände in diesem totalitären Staat hatten sie in den vorherigen Stunden kennen gelernt und konnten die Ausgangsbedingungen treffend einschätzen. Die Einführungsstunde bildete lediglich die Grundlage für das Unterrichtsvorhaben, sollte für das Thema Interesse wecken und wird hier nicht näher erläutert. Das Grobziel lautete: Die Schüler beurteilen die Ausgangsbedingungen für Widerstand gegen den Nationalsozialismus.

1.4 Beschreibung der Stationen

Die Unterrichtsreihe vorfolgt u.a. das Ziel, Grundwissen über den deutschen Widerstand und seine Träger zu vermitteln. Eine Behandlung nahezu aller Widerstandsleistender ist natürlich ausgeschlossen, so werden für die vier von Peukert differenzierten Stufen je ein bzw. zwei Beispiele herangezogen, die unterschiedlicher sozialer und politischer Herkunft sind. Einerseits repräsentieren sie die einzelnen Stufen, decken aber auch ein breites gesellschaftliches Feld ab, womit markiert wird, dass sich Widerstand nicht nur auf wenige Bevölkerungskreise beschränkte. So wurden neben den geläufigsten Vertretern des Widerstandes (Stauffenberg / 20. Juli 1944, Weiße Rose) auch gänzlich unbekannte Einzelpersonen (ein nonkonformer „Volksgenosse“ und ein Mitglied der so genannten „Swing-Jugend“) und die allgemein weniger vertraute „Bekennende Kirche“ ausgewählt.
Die Zusatzstation bietet den Einzelaktivisten Georg Elser auf, der das breite Spektrum planvoll ergänzt. Der Verzicht auf parteipolitischen Wi-

derstand, insbesondere der KPD, stellt keine Diskriminierung dieser Gruppen dar und ist einer begrenzten Stationenkapazität geschuldet. Da Personen an den Stationen im Mittelpunkt stehen, wird vermutlich ein größeres Interesse geweckt und zum Teil auch ein Identifikationsangebot gegeben, was durch nackte Fakten und pauschalisierte Einteilungen in verschiedene Gesellschaftsgruppen kaum erreicht würde.

Das Bewegen auf der Kenntnisebene und im Bereich des Anwendens (Methodenverknüpfung) bei den ersten fünf bzw. sechs Stationen ist altersgerecht und angemessen, da sich eine Beurteilungsphase an der Schlussstation und in der Auswertungsphase anschließt. Die thematisierende Fragestellung für die gesamte Stationenarbeit lautet: Widerstand gegen den Nationalsozialismus - gab es nur einen oder viele Widerstände?

Station 1: Die Weiße Rose

Die Studentengruppe „Die Weiße Rose" wurde u.a. ausgewählt, weil sie zu den populärsten Vertretern des deutschen Widerstandes gehört und nach wie vor eine große Bedeutung hat. Sie konzentrierte sich auf die Erstellung und Verteilung von Flugblättern sowie den Aufbau eines dazugehörigen Verteilerkreises in Deutschland und offenbart die für den Jugendwiderstand typische Stärke zur Selbstbehauptung und Abgrenzung. Das an dieser Station präsentierte Hörspiel zeichnet in szenischer Folge anschaulich den Weg dieser jungen Menschen in den Widerstand nach, die Anfang 1942 in München zu Gesprächen und im Laufe des Jahres zu Flugblatt-Aktionen zusammenfanden, Anfang 1943 verhaftet und mehrheitlich hingerichtet wurden.[68] Zu den Beteiligten gehörten neben Hans und Sophie Scholl u.a. Alexander Schmorell, Willi Graf, Christoph Probst und der Philosophieprofessor Kurt Huber. In der Inszenierung werden die Beweggründe für ihr Handeln deutlich: z.B. Ablehnung der äußeren Zwänge des Staates für das Individuum, Verhaftung des Vaters

---

[68] Die Geschwister Scholl. Hörspiel. Hrsg. v. d. Landesbildstelle Berlin. Berlin 1959. Auszuleihen bei der Landesbildstelle Berlin.

der Scholls, Kenntnis von den Gräueltaten an der jüdischen Bevölkerung und der Tötung „lebensunwerten Lebens“ sowie Kriegserlebnisse an der Front. Ihre Aktivitäten werden anschaulich geschildert und ihre Ziele (u.a. umfassender Widerstand der deutschen Bevölkerung gegen den Unrechtsstaat) benannt.

Mit ihren Flugblättern prangerten sie die Verbrechen des Hitler-Regimes öffentlich an und appellierten an christlich-humanitäre Wertvorstellungen. Nach der Systematik Peukerts ließe sich die Gruppe aufgrund ihrer Aktivitäten und Ziele auf der höchsten Stufe des Widerstandes lokalisieren, seltener werden sie dem Protest zugewiesen.[69] Die Zuordnung durch die Schüler zu einer der beiden Stufen soll Anregung zur Diskussion über eine Einteilung bieten, verdeutlichen, wie schwierig der Begriff Widerstand ist, und aufzeigen, dass eine eindeutige Zuweisung zu einer Stufe nicht immer möglich ist. Teilweise ähnlich verhält es sich mit den anderen Beispielen.

Mit dem elfminütigen Hörspiel lassen sich die Denkweise und die Einstellung der Studenten näher bringen, und trotz des Altersunterschieds bieten diese den Schülern eine Identifikationsmöglichkeit: vor allem weil der prozesshafte Weg in den Widerstand gezeigt wird. Die Mitglieder der Weißen Rose waren anfangs begeisterte Anhänger des Staates, avancierten erst allmählich zu Skeptikern und später zu aktiven Widerständlern. Das Hörspiel wurde aufgrund seines Authentizität vermittelnden Charakters, seines Informationsreichtums und seiner Kürze anderen Medien wie z.B. faktenreichen Texten oder Sequenzen aus Spiel- bzw. Dokumentarfilmen vorgezogen.

Die Schüler sollen sich die gekürzte Fassung des Hörspieles anhören und auf der Basis der gewonnenen Informationen zu den Beweggründen, Zielen und Aktivitäten (die stichwortartig schriftlich zu fixieren sind) aus der

---

[69] Vgl. zu den Ausführungen auch Moll, Christiane: Die Weiße Rose. In: Widerstand gegen den Nationalsozialismus. Hrsg. v. Steinbach, Peter / Tuchel, Johannes. Bonn 1994, S. 443ff.

Perspektive dieser Gruppe ein Flugblatt gegen den NS-Staat verfassen. Indem sie deren Sicht einnehmen, beziehen sie bei der Ausarbeitung deren Motive und Ziele mit ein - deren „Probleme" werden zu eigenen. Auch wenn bei weitem nicht alle Informationen aus dem Hörspiel einfließen, so verarbeiten die Schüler doch die während des Hörens schriftlich festgehaltenen Informationen und ziehen sie gefiltert heran. Sie bedienen sich desselben Mediums wie die Weiße Rose, was die Identifikation und ebenso die Motivation sicherlich erhöht. Die Korrespondenz zwischen Inhalt und Methode ist hoch. Sie müssen sich genau überlegen, wie sie den Text strukturieren und ausformulieren. Texte wie Flugblätter aktivieren die kognitive Leistungsfähigkeit, trainieren die Systematisierungsfähigkeit und fördern die Selbsttätigkeit der Schüler. Sie vergegenwärtigen auf der Ebene des Verstehens und Formulierens den behandelten Gegenstand.[70] Dies gilt gleichfalls für die übrigen auf Textproduktion ausgerichteten Stationen.

Überdies dient das Erstellen eines Flugblattes auch der Schulung im Umgang mit Medien und dem Training von Arbeitstechniken, die für die Teilnahme am politischen Geschehen außerhalb des Unterrichts nützlich sein können. Die Lernenden erkennen, dass sie sich selbständig Informationen beschaffen und politisches Handeln erlernen können.[71] Da den Schülern die Kriterien zur Erstellung eines Flugblattes nicht bekannt sind, wird der Arbeitsauftrag durch entsprechende allgemeine Hinweise zu dessen Gestaltung ergänzt.[72]

---

[70] Detjen, Joachim: Protokoll, Bericht, Referat. In: Handbuch zur politischen Bildung. Hrsg. v. Mickel, Wolfgang W. Bonn 1999, S. 429.

[71] Vgl. hierzu Ackermann, Paul / Gassmann, Reinhard: Arbeitstechniken in der politischen Bildung. In: Methoden in der politischen Bildung - Handlungsorientierung. Hrsg. v. d. Bundeszentrale für politische Bildung. Bonn 1991, S. 74.

[72] Die Gestaltungskriterien für die einzelnen Stationen-Produkte werden in der Analyse näher erläutert.

Station 2: Hitler-Attentat vom 20. Juli 1944

Das mehrmals verschobene Attentat auf Adolf Hitler (Kennwort: Operation „Walküre") galt jahrelang als das markanteste Beispiel dafür, dass es in Deutschland doch einen aktiven Widerstand gegen das NS-Regime gab. Die in dem Dokumentarfilm „Widerstand gegen Hitler"[73] enthaltene etwa zehnminütige Filmsequenz zum 20. Juli 1944 zeichnet chronologisch dieses Ereignis nach. Der Staatsstreich sollte insbesondere dem Ausland zeigen, dass militärischer Widerstand gegen den Unrechtsstaat gewagt wurde, gleichfalls sollte der längst verlorene Krieg schnellstens beendet werden. Die Militäropposition hatte aufgrund ihrer Machtposition wohl die alleinige Chance, einen erfolgreichen Umsturz zu verwirklichen. Auch wenn die Beteiligten und ihre zukünftigen, zum Teil undemokratischen Staatsvorstellungen von einem veränderten Deutschland kontrovers beurteilt werden, so kann man den Verschwörern zumindest große moralische Dienste zusprechen. Diese Aktion bildet das Ende einer Kette von geplanten oder missglückten Attentaten auf Hitler.

Der Umsturzversuch vom 20. Juli 1944 wurde ausgewählt, da er das bekannteste Beispiel für den deutschen Widerstand darstellt, das die Schüler aufgrund seiner historischen Bedeutung auf jeden Fall kennen sollten. Zugleich zeigt er die höchste Stufe des Widerstandes an. Es erfolgt an dieser Station eine Beschränkung auf die Begebenheiten dieses Tages und keine breite Ausweitung um dessen Vorgeschichte, da konzentriert die Gründe für sein Scheitern herausgearbeitet werden sollen. Überdies hätte die Einbettung des Weges der Beteiligten in den Widerstand den verfügbaren zeitlichen Rahmen überschritten.

Zu den wichtigsten Initiatoren des Staatsstreiches gehörten u.a. Generalmajor Henning von Tresckow, Generaloberst Ludwig Beck, General Friedrich Olbricht, der Zivilist Carl Goerdeler, Oberst Mertz von Quirnheim sowie Claus Schenk Graf von Stauffenberg, die sich bereits längere

[73] Widerstand gegen Hitler 3: Aufstand der Offiziere. Polyband München 1995, 60 Min. Auszuleihen u.a. in einigen Berliner Stadtteilbibliotheken.

Zeit mit Putschplänen befasst hatten. Stauffenberg, der heute als Sinnbild des Umsturzversuches gilt, hatte als Chef des Stabes beim Befehlshaber des Ersatzheeres, Geraloberst Friedrich Fromm, ab Juli 1944 gelegentlich Zugang zu Hitlers Lagebesprechungen. Vor dem Attentat war ein Verbund aus vertrauenswürdigen Offizieren erstellt worden, der wichtige militärische Stellen abdeckte. Am besagten 20. Juli traf Hitler mit engen Vertrauten im so genannten Führerhauptquartier „Wolfsschanze" bei Rastenburg in Ostpreußen zusammen. Stauffenberg hatte gegen 12.30 Uhr den Zeitzünder einer Bombe in seiner Aktentasche aktiviert, diese unmittelbar anschließend bei einer Lagebesprechung mit Hitler abgestellt und mit einer Ausrede das Gebäude gleich wieder verlassen. Um ca. 12.45 explodierte die Sprengladung und S tauffenberg floh unbehelligt mit einem Flugzeug nach Berlin.

Er war in dem festen Glauben, dass Hitler umgekommen sei. Tatsächlich hatte dieser aber kaum verletzt überlebt, fünf der 24 Anwesenden starben. Stauffenberg traf erst um 16.45, zeitgleich mit Beck, im Bendlerblock (Sitz des Oberkommandos des Heeres) in der Bendlerstraße in Berlin ein, wo die Mitverschwörer stundenlang warteten und General Olbricht aufgrund sich widersprechender Nachrichten über das Schicksal des Diktators erst um 15.50 den Staatstreich eingeleitet hatte. Stauffenberg teilte um 16.10 telefonisch mit, dass Hitler tot sei. Um 16.15 Uhr erhielten die Verschwörer die Nachricht, dass Hitler lebe, trotzdem beschlossen sie die Aktion fortzusetzen.

Währendessen empfing Hitler gegen 16.00 Uhr Benito Mussolini und zeigte ihm den Ort der Explosion. Im Bendlerblock wurden die Wachen alarmiert und der Ein- und Auslass war nur noch mit einem Passierschein der Verschwörer möglich. Um 16.30 ergingen Befehle an alle Frontabschnitte und Wehrkreise, u.a. in Frankreich. Um 16.55 wurde der in den Komplott eingeweihte Generaloberst Fromm verhaftet, da er nicht bereit war, die Walküre-Befehle der Widerständler auszuführen. Nur wenige Truppen schlossen sich diesen an und führten aufgrund der fehlenden Le-

gitimität die Walküre-Befehle auch aus. Verhaftungen weiterer Nichtkooperateure erfolgten durch die Opponenten. Um 17.00 Uhr waren die Einsatzbefehle bei allen Berliner Heereseinheiten angekommen.
Gegen 17.00 Uhr kam es zu einem ersten Telefongespräch zwischen Hitler und Goebbels, das um 18.45 eine Rundfunkdurchsage zur Folge hatte: Hitler lebe. Stauffenberg verneinte das Überleben, erhielt aber um 19.00 Uhr die verlässliche, enttäuschende Bestätigung. Der Umsturzversuch wurde zunehmend aussichtsloser und die Verschwörer trafen anschließend alle Vorkehrungen zum Schutz des Bendlerblockes, der bereits von Hitler-Getreuen umstellt war. Nach 23.45 erschoss man Beck (nach einem gescheiterten Selbstmordversuch), Olbricht, von Quirnheim und Stauffenberg im Bendlerblock. Um 0.30 Uhr waren nahezu alle Verschwörer, Mitbeteiligte und Verdächtige verhaftet. Henning von Tresckow wählte am nächsten Tag an der Ostfront den Freitod.
Das Zögern der Truppenbefehlshaber, sich dem Aufstand anzuschließen, und die frühe Rundfunkmeldung vom Überleben Hitlers haben den gut durchdachten Staatsstreich scheitern lassen. Insgesamt wurden aus Rache Hunderte Beteiligte und Verdächtige hingerichtet sowie einige Tausend verhaftet („Sippenhaft“).[74]
Um dieses Ereignis zu vermitteln, wurde ein Dokumentarfilm ausgewählt, da er äußerst gerafft die Vorgeschichte des 20. Juli 1944 erläutert und die Geschehnisse dieses Tages nicht nur aneinander reiht, sondern auch durch Zeitzeugen - zwei überlebende Offiziere - lebendig gestaltet und eine hohe Authentizität vermittelt. Das Medium Film erhält aufgrund seiner Verbindung von visuellen und auditiven Komponenten den Vorzug vor anderen, wie z.B. einem Text. Dessen Einsatz trägt auch den Freizeitgewohnheiten der Schüler Rechnung, soll zusätzlich motivieren und auch Interesse für historische Dokumentarfilme wecken, die im deut-

---

[74] Ebd. Vgl. auch Ueberschär, Gerd R.: Der militärische Umsturzplan: Die Operation „Walküre“. In: Widerstand gegen den Nationalsozialismus. Hrsg. v. Steinbach, Peter / Tuchel, Johannes. Bonn 1994, S. 353ff.

schen Fernsehen recht häufig, wenn auch meist in populärer Form zu finden sind. Von sechs im Vorfeld zum Thema Widerstand gesichteten Dokumentarfilmen war dieser am zweckmäßigsten, da er die Geschehnisse chronologisch in einer Einheit darstellt, andere Widerstandsaktionen also nicht dazwischenschaltet und den Ablauf überschaubar und prägnant wiedergibt. Der Film ist förderlich, um stellvertretend für andere geplante oder auch durchgeführte Attentate auf Hitler die damit verbundenen Schwierigkeiten aufzuzeigen.
Die Schüler sollen nach der Sichtung ein Verlaufsprotokoll erstellen, das dieses Ereignis in seinen wesentlichen Stationen adäquat wiedergibt. Diese Methode bietet sich aufgrund der chronologischen Darstellungsweise des Films unmittelbar an. Protokolle sind altbewährt im Unterricht und können als Arbeitstechnik, aber auch als mediales Hilfsmittel betrachtet werden, das den Schülern einen Unterrichtsgegenstand vergegenwärtigt. Ein Protokoll gibt ohne eine subjektive Sichtweise realitätsgetreu und chronologisch Informationen wieder und kann als Auskunft für Abwesende, aber auch der Auffrischung eines zurückliegenden Ereignisses dienen.[75] „Das Protokollieren trainiert aber auch die generell wichtigen Fähigkeiten des sachgerechten Mitschreibens, des konzentrierten Zuhörens, des Nachzeichnens von Gedankengängen [...].“[76] Das Erstellen eines Protokolls stellt daher für den Schüler eine anspruchsvolle Aufgabe dar. Die Produktion eines Verlaufsprotokolls soll die Schüler dazu anhalten, dem Filmausschnitt aufmerksam zu folgen und Notizen zu erstellen, die dann später in einen streng komponierten und wohl ausformulierten Text münden, der eine intensive Reflexion des Ereignisses voraussetzt. Auf dem Arbeitsblatt finden sich kurze Anmerkungen zu formalen Aspekten eines Protokolls sowie die Namen und Funktionen der zentralen Personen. Die Schüler können, falls zu viele Informationen auf einmal

---

[75] Detjen, S. 428f.

[76] Ebd., S. 429.

erfolgen, den Film kurz anhalten, um ihre Mitschriften zu vervollständigen.

Station 3: Die Bekennende Kirche

Die Bekennende Kirche war eine aus dem von Pastor Martin Niemöller 1933 gegründeten Pfarrernotbund hervorgegangene und seit 1934 existierende Bewegung innerhalb der evangelischen Kirche. Sie opponierte vehement gegen den NS-Staat und gegen die nationalsozialistische Einstellung der Deutschen Christen, der größten Gruppe innerhalb der Deutschen Evangelischen Kirche. Das NS-Regime zu stürzen, hatte die Bekennende Kirche, die mehrmals zu Synoden zusammentraf, nicht im Sinn. Sie verfügte aber trotzdem über eine politische Färbung und wollte ihre christliche Weltanschauung bewahren. Man verschrieb sich weitgehend dem Protest, wie z.B. gegen den Arierparagraphen, das Euthanasieprogramm, die Gewalttaten der Nationalsozialisten und die Amtsenthebungen und Verhaftungen Geistlicher, und wandte sich gegen die Gleichschaltung der evangelischen Kirche sowie die Vereinnahmung der christlichen Gebote durch die NS-Ideologie.

Viele ihrer Mitglieder wurden verfolgt und in Haft genommen. „Die Bekennende Kirche hielt aber trotz Drohungen und Verfolgungen den Widerstand aufrecht und wuchs über die Bedeutung einer rein kirchlichen Bewegung hinaus."[77] Doch „als politische Opposition verstanden sie sich nicht [...]."[78] So lässt sich die Bewegung, die 1935 für gesetzeswidrig erklärt wurde, trotz ihrer Heterogenität pauschal der Proteststufe zuweisen.[79]

---

[77] Die Bekennende Kirche. In: 1848-1949. Ein Jahrhundert deutsche Geschichte. CD-ROM. Hrsg. v. Bibliographischen Institut & F. A. Brockhaus AG. Mannheim 1997.

[78] Heil, Ulrich von: Die Kirchen in der NS-Diktatur. Zwischen Anpassung, Selbstbehauptung und Widerstand. In: Deutschland 1933-1945. Neue Studien zur nationalsozialistischen Herrschaft. Hrsg. v. Bracher, Karl-Dietrich / Funke, Manfred / Jacobsen, Hans-Adolf. 2., erg. Aufl. Bonn 1993, S. 168.

[79] Vgl. zu den Ausführungen auch ebd., S. 164ff.

Die Bekennende Kirche wurde ausgewählt, da sie demonstriert, dass es auch aus den Reihen der Kirchen größeren Widerstand gab, der eine weitere Stufe des Widerstandes abdeckt. Als Informationsquelle wurde die von der Bundeszentrale für politische Bildung kostenlos zu beziehende CD-Rom „1848-1949. Ein Jahrhundert deutsche Geschichte“[80] ausgewählt, da sie - im Vergleich zu vier weiteren gesichteten CD-Roms - in einem Überblicksartikel die Gründe für die Entstehung, die Aktivitäten und die Ziele dieser Gruppierung komprimiert zusammenfasst und ein ausdrucksvolles Bild vermittelt. Obendrein ist sie recht einfach gestaltet und ermöglicht durch ihre leichte Handhabbarkeit ein schnelles Auffinden der gesuchten Informationen. Die grundsätzliche Entscheidung für eine CD-Rom und damit für einen Computereinsatz liegt darin begründet, dass möglichst viele verschiedenartige Medien herangezogen werden sollen, um das Unterrichtsgeschehen abwechslungsreich und interessant zu gestalten. Zudem kann der Umgang mit solchen Datenträgern verbessert bzw. überhaupt ein erster Zugang zu diesem Medium geschaffen werden. Auch soll ein generelles Interesse für geschichtliche CD-Roms geweckt werden, die es in einer verhältnismäßig großen Anzahl auf dem Markt gibt, wenn auch in unterschiedlicher Qualität. Auf den kostenlosen Bezug der CD-Rom werden die Schüler explizit hingewiesen.

Aus dem Datenmaterial sollen die Schüler eine Mind-Map („Gedächtnislandkarte“) erstellen und sich ein Überblickswissen über diese Bewegung innerhalb der evangelischen Kirche aneignen. Diese Darstellungsform bietet sich an, da der CD-Rom-Artikel zur Bekennenden Kirche Lexikoncharakter hat und derart gebündelte Informationen visuell verarbeitet werden können. Mind-Maps gehören den Mnemotechniken (Assoziationsnetzwerke) an, dienen der Strukturierung von Lerngegenständen und fordern eine intensive Auseinandersetzung mit gegebenen Fakten. Selbständig systematisierter Lernstoff lässt sich gewöhnlich besser memorieren als beispielsweise vom Lehrer an der Tafel entworfener. Belangvolle

---

[80] Hrsg. v. Bibliographischen Institut & F. A. Brockhaus AG. Mannheim 1997.

Informationen bzw. Begriffe sollen logisch und möglichst anschaulich verbunden werden. „Die gebildeten Strukturen sind gleichsam das Netzwerk, in das die jeweiligen Sachinformationen eingewoben sind.“[81] Und „die dadurch entstehenden Netzwerke entsprechen in besonderem Maße der Funktionsweise unseres Gehirns, da das Großhirn den Lernstoff nicht linear, sondern strukturell verarbeitet.“[82] Auf diese Weise werden die Informationen nicht nur erfasst, sondern auch verarbeitet.

Auf dem Arbeitsblatt befindet sich eine Anleitung, die ein schnelles Ermitteln des entsprechenden Artikels gewährleistet. Dieser ist zweimal zu lesen, wobei beim zweiten Mal die zentralen Fakten herauszuschreiben sind. Anschließend sollen sich die Schüler eine Struktur für ihre Mind-Map überlegen und diese erstellen. Vermutlich unbekannte Begriffe werden auf dem Arbeitsblatt erläutert.

Station 4: Verhalten eines „Volksgenossen“

An dieser Station wird über einen so genannten Volksgenossen berichtet. In einer kurzen Quelle mit der Überschrift „'Ich bitte Maßnahmen zu ergreifen ...`: Ein 'Volksgenosse` wird denunziert“[83] - ein authentischer Brief eines nicht näher beschriebenen überzeugten NS-Anhängers an eine nicht genannte nationalsozialistische Organisation - wird geschildert, dass der Bürger P. nationalsozialistisch nicht zuverlässig sei, da er keine Zeitung erhalte, keine Parteiplaketten bei Straßensammlungen kaufe und auch nicht mit dem „Deutschen Gruß“ grüße, statt dessen nehme er seinen Hut ab und sage „Guten Tag“. An den Sammeltagen des Winterhilfswerkes würde er die Wohnungstür nicht öffnen und selbst an hohen

---

[81] Klippert, 1994, S. 109.

[82] Ebd., S. 207. Diese Feststellungen gelten im Wesentlichen auch für die übrigen hier herangezogenen Methoden zur Informationsverarbeitung und werden dort nicht mehr explizit ausgewiesen.

[83] Bergmann, Klaus / Bernlochner, Ludwig / Brixus, Rolf: Geschichte und Geschehen A 4. Geschichtliches Unterrichtswerk für die Sekundarstufe I. Schülerband. Leipzig 1997, S. 101.

nationalsozialistischen Feiertagen keine Flagge raushängen, berichtet der Denunziant.

Das Winterhilfswerk führte alljährlich eine während der Wintermonate von den Nationalsozialisten angeordnete Sammel- und Spendenaktion für Hilfsbedürftige (wie es offiziell hieß) durch, die mit viel Propaganda begleitet wurde. Der Kauf von billigen Plaketten war mit einer Spende für die nationalsozialistischen Organisationen der Partei verbunden. Diesem konnte man sich kaum entziehen, da an den getragenen Plaketten gleich zu erkennen war, ob jemand gekauft und gespendet hatte. Am Ende des Briefes verlangt der Zuträger, Maßnahmen gegen den „Volksgenossen“ P. zu ergreifen, um ihm vor Augen zu führen, dass er sich nicht durchweg gegen die „Volksgemeinschaft“ stellen könne. Dabei war das Verhalten von P. ein Akt der Selbstachtung und ein Achten auf die eigene moralische Integrität während der Unrechtsherrschaft.[84]

Der Text wurde als Beispiel für nonkonforme Verhaltensweisen ausgewählt, wobei P. in der Summe seiner Handlungen ansatzweise wohl auch schon eine Form der Verweigerung zeigt. Die Grenzen zwischen beiden Formen sind fließend, was eine eindeutige Zuordnung erschwert. Die Schüler sollen den Brief, der für große Authentizität sorgt, genau lesen und anschließend eine Tabelle erstellen, in der sie die von den Nationalsozialisten geforderten Handlungsweisen dem tatsächlichen Agieren des P. gegenüberstellen. Die Quelle macht deutlich, dass ein solch mäßiges Widerstandsverhalten beobachtet und bereits geahndet wurde, und zeigt, dass es nicht nur den organisierten und p rogrammatischen Widerstand gab. Die tabellarische Kontrastierung soll durch das Entwerfen einer einfachen Struktur und ein Zuordnen in gebündelter Form eine Übersicht über geringes Widerstandsverhalten geben. Die Entscheidung fiel zu-

[84] Ebd., S. 101; und dies.: Geschichte und Geschehen A 4. Geschichtliches Unterrichtswerk für die Sekundarstufe I. Lehrerband. Leipzig 2000, S. 57. Das Buch, das die Original-Quelle enthielt und evtl. Aufschluss über Absender und Adressat gegeben hätte, war leider nicht, selbst nicht über Fernleihe, zu beziehen.

gunsten einer Tabelle, da es sich um das Übertragen eines einfachen Textes handelt, der keiner komplexeren schematischen Darstellung bedarf. Damit es nicht zu Zuweisungen nach dem Muster „kauft keine Plaketten - kauft Plaketten" kommt, werden die Schüler angewiesen, sich variantenreicher Ausdrucksformen zu bedienen, was eine intensivere Beschäftigung mit dem Gegenstand verspricht. Obwohl die Station eine unkomplizierte Aufgabe beinhaltet, befinden sich in dem kurzen Text doch eine Menge aufschlussreicher Informationen, die mit dieser Vorgehensweise ansprechend verarbeitet werden. Ferner regt der Text dazu an, über das eigene mögliche Verhalten zu dieser Zeit zu reflektieren, und man erhält Einsicht in mäßiges Widerstandsverhalten im Alltag. Auch wird mit dieser Station teils der Forderung Bauers Rechnung getragen, dass eine Station eine leichte Aufgabe beinhalten und der Erholung dienen solle.[85] Das ist aufgrund der größtenteils sehr anspruchsvollen und arbeitsintensiven Arbeitsaufträge an den übrigen Stellen auch gerechtfertigt.

Station 5: „Swing-Jugend"

Ende der 30er Jahre bildete sich in mehreren größeren Städten Deutschlands die so genannte „Swing-Jugend" heraus. Diese Jugendlichen entstammten meist dem bürgerlichen Milieu und lehnten das Lebensgefühl des Nationalsozialismus ab. Die „Swing-Jugend" lässt sich nur schwer in das bekannte Feld des Widerstandes eingliedern, da sie sich nicht direkt gegen das Regime wandte, sondern sich dem nationalsozialistischen Konformitätsdruck entziehen wollte. An politischen Aktionen hatte sie kein Interesse. Sie war die erste deutsche jugendliche Subkultur, die geprägt war durch urbane, kulturindustrielle und internationale Einflüsse. Diese Jugendlichen machten durch ihre Vorliebe für Swingjazz, ihre anglophile Kleidung (z.B. karierte Jacketts), Körperhaltung und entsprechendes Zubehör (z.B. ein Regenschirm am Arm) auf sich aufmerksam. Die Gruppierung macht sichtbar, dass es in Deutschland ein breites Feld von abweichendem Verhalten Jugendlicher gab (vs. z.B. Edelweiß-

---

[85] Bauer, 1997, S. 122.

piraten / bündische Jugend / Weiße Rose).[86] Sie lässt sich aufgrund ihres unpolitischen Charakters, fehlender konkreter Zielsetzungen und starker Selbstbezogenheit (hedonistische Merkmale) am ehesten der Stufe der Verweigerung zuordnen.

Der Zeitzeugenbericht (entstanden 1990) eines in Berlin-Reinickendorf aufgewachsenen Mitgliedes der „Swing-Jugend", dem 1927 geborenen Manfred Omankowsky, bestätigt dies und gibt ein repräsentatives Bild dieser Bewegung wieder.[87] Er weist darauf hin, dass sie aus natürlichem Protest gegen den staatlichen Zwang zusammenkamen. Ihre äußeren Merkmale waren lange Haare, Welthölzer-Sticker, die sie am Schlips trugen, und die Sammlung verbotener Swing-Platten. Berichtet wird, dass man am Berliner Alexanderplatz illegale Platten kaufen konnte, und in einem Tanzlokal in der Friedrichstraße sowie in Berlin-Wedding gab es Treffen von über hundert Swings. Informiert wird ebenso über gewalttätige Zusammenstöße mit der Hitler-Jugend. Omankowsky wurde mehrmals - wegen seiner Weigerung in die HJ einzutreten und „Herumtreibens" - von der Polizei vorgeladen und auch kurzzeitig festgenommen.

Aus der Zeitzeugenüberlieferung, die aufgrund des damals jugendlichen Alters des Berichtenden ein Identifikationsangebot bietet, sollen die Schüler ein Interview erstellen. Dazu ist die Quelle zweimal zu lesen, wobei beim zweiten Mal fünf Stellen zu unterstreichen sind, die zentrale Aussagen über das Wesen (Motive, Ziele und Aktivitäten) der „Swing-Jugend" enthalten und n icht mehr als drei Sätze umfassen. Bezugnehmend auf diese Aspekte sollen sie sich anschließend in die Position eines Journalisten versetzen, der aus heutiger Sicht über die damalige Zeit informieren möchte, und sich passende Fragen für die ausgewählten Textpassagen überlegen, so dass ein flüssig lesbares und informatives Interview entsteht. Die Auszüge aus der Überlieferung sollen die Schüler um-

[86] Vgl. dazu Zarusky, Jürgen: Jugendopposition. In: Lexikon des deutschen Widerstandes. Hrsg. v. Benz, Wolfgang / Pehle, Walter H. Frankfurt a.M. 1994, S. 110f.

[87] Sandvoß, Hans-Rainer: Widerstand in Pankow und Reinickendorf. Berlin 1992, S. 159.

formulieren, aber die Informationskerne realitätsgetreu wiedergeben, so dass ein stimmiges, in sich geschlossenes Schriftstück entsteht, das Authentizität vermittelt.

Die Schüler üben sich derart im Erfassen zentraler Aussagen eines Textes, und indem sie ein „Trockeninterview" erstellen, machen sie den ersten Schritt zur sozialwissenschaftlichen Methode der Befragung. Diese Aufgabe kommt ebenso der tatsächlichen Arbeit eines Journalisten teilweise sehr nahe, da dieser nach einem durchgeführten Interview - mit in der Regel vielen und langen Antworten - durch Redigieren ein für den Leser reizvolles Produkt erstellen muss. Zusätzliches Interesse wird bei den Schülern sicherlich dadurch geweckt, dass der Berichtende in einem Nachbarbezirk agierte.

Station 6: Georg Elser / Hitler-Attentat vom 8. November 1939

Georg Elser ist ein Beispiel dafür, dass auch Einzelne aktiven Widerstand (auf der höchsten Stufe) geleistet haben. Als Grundlage der Erarbeitung dient ein renommiertes Nachschlagewerk zum Widerstand,[88] von dem mit viel Aufwand sechs Exemplare aus verschieden Bibliotheken besorgt wurden. Dieses enthält umfassende und aussagekräftige Informationen zu Elser (*1903) und sein am 8. November 1939 auf Hitler verübtes Attentat. Elser forderte zum entschiedenen Widerstand gegen die Machtübernahme Hitlers auf und stand, bevor er als Einzelaktivist tätig wurde, dem Roten Frontkämpferbund nahe. Nach dem Münchner Abkommen vom Herbst 1938 entschloss sich der Schreiner zum gewaltsamen Widerstand gegen das Unrechtsregime, da er den sicheren Ausbruch eines Weltkrieges befürchtete. Er brachte am besagten 8. November im Münchner Bürgerbräukeller, wo sich Hitler anlässlich des Jahrestages seines Putschversuches vom 8./9. November 1923 aufhielt, eine Bombe zur Detonation. Elser hatte sich in den Wochen zuvor nachts immer wieder unbemerkt in dem Gebäude einsperren lassen und in anstrengender

---

[88] Benz, Wolfgang / Pehle, Walter H. (Hrsg.): Lexikon des deutschen Widerstandes. Frankfurt a.M. 1994, S. 185-188.

Kleinarbeit eine Säule ausgehöhlt, in der er den Sprengstoff deponierte. Der Diktator verließ jedoch unerwartet früh den Versammlungsort, so dass er während der Explosion abwesend war.

Eine Kellnerin und sieben NSDAP-Anhänger verloren allerdings ihr Leben, und es gab viele Verletzte. Noch vor der Detonation wurde Elser an der Schweizer Grenze aufgrund verdächtiger Utensilien in seiner Kleidung verhaftet. Recht bald fiel der Verdacht auf ihn. Man hielt den Geständigen in verschiedenen Konzentrationslagern gefangen und exekutierte ihn kurz vor Kriegsende, im April 1945. Die Nationalsozialisten propagierten das Überleben Hitlers als eine göttliche Fügung und versuchten eine konspirative Bewegung hinter dem Anschlag zu ermitteln, was aber nicht gelang, da es keine gab. Auch wenn Elsers Tat umstritten ist, da etliche Menschen getötet und verletzt wurden, hätte er es 1939 fast vermocht, Deutschland von seinem verbrecherischen Staatsoberhaupt zu befreien. Daher verdient er besondere Beachtung.[89]

An dieser Station ist ein Schaubild zu den Kennzeichen und Aktivitäten des Attentäters zu erstellen, das einen komplexen Sachverhalt auf das Wesentliche reduziert und es ermöglicht, diesen rasch zu erfassen. Das kann mit verschiedenen graphischen Mitteln erreicht werden und stellt in gewissem Sinne eine vielschichtigere Form der Mind-Map dar, wobei es hier kein Zentrum gibt, von dem alles ausgeht. Statt dessen stehen Verflechtungen und Abhängigkeiten im Vordergrund, und es muss bei der Konstruktion festgelegt werden, von welcher Stelle aus das Schaubild gelesen werden soll. Zusätzlich sind sehr viel mehr Informationen wegzulassen, da der zweimal zu lesende Lexikoneintrag etwas umfangreicher ist als der Text zur Bekennenden Kirche. So stellt diese Station eine Steigerung des konstruktiven Anspruchsniveaus dar.[90]

---

[89] Vgl. ebd., S. 185ff.

[90] Vgl. dazu auch Ackermann, Paul / Gassmann, Reinhard: Arbeitstechniken politischen Lernens kurzgefaßt. Stuttgart 1991, S. 46f.

Schlussstation: Formen / Stufen des Widerstandes

Da an den einzelnen Stationen immer nur isolierte Ergebnisse erzielt wurden, gibt es eine für alle zur gleichen Zeit zu bearbeitende Schlussstation, in der alle Ergebnisse zusammengeführt werden. Daher stellt diese den Kern der Erarbeitung dar und dient auch als ein Gradmesser für den bisherigen Lernerfolg. Um die übergreifende Struktur des Widerstandes zu verdeutlichen, sollen die Schüler (bei Beibehaltung der alten Arbeitskonstellationen) in Form eines Blockdiagramms ein Stufenmodell entwickeln, das die kennen gelernten Formen des Widerstandes abbildet.
Dazu sollen sie zunächst anhand ihrer bisher erzielten Produkte die einzelnen Verhaltensweisen der verschiedenen Gruppen bzw. Einzelpersonen miteinander vergleichen und anschließend ihre wesentlichen Gemeinsamkeiten und Unterschiede auf einem Lernplakat, das einen adäquaten Überblick über die einzelnen Handlungsweisen und eine anschauliche Präsentation ermöglicht, zusammenfassen. Nachfolgend ist der Versuch zu unternehmen, aus den Beispielen verschiedene Stufen des Widerstandes abzuleiten, Kriterien für diese zu entwickeln und sie mit Namen zu versehen. Die erfassten Widerständler sind den Stufen zuzuordnen. Zusätzlich sollen sich die Schüler für die x- und die y-Achse des Diagramms Bezeichnungen überlegen. Wünschenswert wäre eine Annäherung an das Modell von Peukert. Das Blockdiagramm dient der graphischen Umsetzung der Stufeneinteilung, macht diese anschaulich und unterstützt das einfache Erfassen des Sachverhaltes.

2. Planung der Auswertung

Die Handlungsorientierung wird auch in der Auswertung fortgesetzt, für die zwei Stunden vorgesehen sind und in der die Ergebnisse präsentiert werden. So sollen sich die Schüler ihre an den Stationen 1-7 erstellten Produkte an der Tafel gegenseitig vorstellen und erläutern sowie über die Stationenarbeit reflektieren. Dabei bieten nicht alle ihre Produkte dar, statt dessen werden - von Station zu Station verschieden - Schülerprodukte verglichen, bis ein für alle zufrieden stellendes Ergebnis sichtbar ist. Das Protokoll und das Interview werden verlesen, die Tabelle, das Diagramm, das Flugblatt und das Schaubild mit Magneten an die Tafel geheftet und die Mind-Map an die Wand projiziert. Die nicht präsentierenden Schüler / Gruppen erhalten den Auftrag, die Produkte auf ihren Gehalt hin zu beurteilen und dafür ihre Kriterien offen zu legen. Dazu sollen sie sich kurze Notizen machen.

Möglichst viele der in vier Unterrichtsstunden erarbeiteten Erzeugnisse sollen zur Präsentation kommen, damit bei den Schülern keine Frustration entsteht, wenn diese nicht gewürdigt werden. Daher können alle, die Ergänzungen zum bisher Dargebotenen machen möchten, nach vorne treten und Abweichungen und Ergänzungen ihrer Arbeit aufzeigen. Trotzdem ist eine zeitliche Begrenzung notwendig, und unnötige Wiederholungen bereits genannter Aspekte sind zur Vermeidung aufkommenden Desinteresses zu unterlassen.

Die Flugblätter werden aufgrund der vermuteten Unterschiede und ihrer überschaubaren Größe alle zeitgleich an der Tafel positioniert. Alle Schüler haben an der Tafel die Möglichkeit diese zu vergleichen. Das gilt gleichermaßen für die Resultate der Schlussstation, da auch hier sehr uneinheitliche Produkte erwartet werden, die den Kulminationspunkt der Stationenarbeit darstellen.

Abschließend sollen die Schüler ihre Stufenmodelle mit dem von Peukert vergleichen und Unterschiede herausarbeiten sowie eine Bewertung dieses Modells im Vergleich zu ihren vornehmen. So wird noch einmal deutlich, dass es nicht nur *ein* mögliches und zugleich richtiges Schema zur Darstellung des Widerstandes gibt und diese Thematik äußerst komplex ist. Auch sollen sie die verschiedenen Formen des Widerstandes vergleichend beurteilen. In dieser Beurteilungsphase ist ebenfalls die Frage zu erörtern, wo Widerstand letztendlich begann. Womöglich entsteht eine Diskussion über den Sinn solcher Stufeneinteilungen.

Am Ende steht die Frage, welche Bedeutung dem Widerstand trotz seines Scheiterns zukommt, so dass dieser Gegenstand nicht als etwas Altbackenes, längst Vergessenes gewürdigt wird, sondern durchaus Bedeutung für die Gegenwart hat. Die Beurteilung soll im Rahmen eines Kreisgespräches erfolgen, da alle Kompetenzen auf dem Gebiet erworben haben und eine fundierte Diskussion möglich ist. Das Kreisgespräch schafft eine angenehme Gesprächssituation.

Die Auswertungs- und die Beurteilungsphase liegen weitgehend in der Hand der Schüler und werden vom Lehrer lediglich nach der Produktpräsentation durch wenige Impulse angereichert. Die Schüler üben sich im Präsentieren sowie in der kritischen Beurteilung und somit in der Kommunikation. Die Bildung von Quergruppen, die die alten Arbeitsstrukturen auflöste und eine Diskussion in neuen Gruppen über die einzelnen Produkte ermöglichte, überschritte das eingeplante Zeitbudget und wird deshalb nicht realisiert. Zur Ergebnissicherung werden vor der Auswertung die einzelnen Gruppenprodukte für jedes Gruppenmitglied vom Lehrer kopiert. Diese sollen während der Auswertung durch Fehlendes ergänzt oder korrigiert werden. Und die Ergebnisse der Beurteilungsphase werden an der Tafel von zwei Schülern stichwortartig gesichert, so dass am Ende alle zu jeder Station ein schriftliches Ergebnis in ihrem Hefter haben.

3. Lernziele

Zuerst erfolgt eine Darstellung der Grobziele und anschließend eine Differenzierung in Feinziele. Das übergreifende Lernziel des Unterrichtsvorhabens lautet:
Die Schüler eignen sich das breite Spektrum des Widerstandes im Nationalsozialismus durch Methoden zur Informationsverarbeitung im Rahmen von Lernen an Stationen an.

1. Kognitive Grobziele

Die SchülerInnen ...
GZ 1 erkennen, dass es verschiedene Formen und Stufen des Widerstandes gegen den Nationalsozialismus gab, indem sie verschiedene Stationen durchlaufen.
GZ 2 erkennen, dass Vertreter aller Gesellschaftsschichten am Widerstand beteiligt waren.
GZ 3 ermitteln verschiedene Motive, Ziele und Aktivitäten Widerstandsleistender.
GZ 4 ermitteln Gründe für das Scheitern und die Folgen von Widerstandsaktionen.
GZ 5 beurteilen verschiedene Formen und die Bedeutung des Widerstandes gegen den Nationalsozialismus.
GZ 6 erkennen, dass Widerstand gegen einen Unrechtsstaat gerechtfertigt ist.

2. Methodische Grobziele

Die SchülerInnen ...
GZ 1 üben sich im Umgang mit ihnen vertrauten und neuen Methoden zur Informationsverarbeitung, indem sie diese auf verschiedene Sachverhalte anwenden.
GZ 2 erreichen durch das Verwenden verschiedener Methoden ein neues Kenntnisniveau.
GZ 3 üben die methodische Großform Lernen an Stationen ein.
GZ 4 organisieren selbständig ihre Lernprozesse, indem sie kommunizieren und kooperieren.

3. Soziale Grobziele

Die SchülerInnen ...

GZ 1 erhöhen ihre Selbständigkeit, indem sie die Erarbeitung eigenständig organisieren.

GZ 2 bauen eigenständig zeitliche Strukturen auf und halten sie ein.

GZ 3 gehen mit Freiräumen angemessen um.

GZ 4 verstärken ihre kommunikative und kooperative Kompetenz, indem sie mit anderen Schülern problemlösend zusammenarbeiten.

4. Kognitive Feinziele

Die SchülerInnen ...

FZ 1 kennen die Beweggründe für den Widerstand der Weißen Rose, ihre Aktivitäten und ihre Ziele, indem sie ein Hörspiel auswerten und ein Flugblatt verfassen.

FZ 2 kennen den Verlauf und die Gründe für das Scheitern des Putschversuches vom 20. Juli 1944, indem sie einen Film auswerten und ein Verlaufsprotokoll zu diesem Ereignis erstellen.

FZ 3 kennen die Motive für die Gründung der Bekennenden Kirche, ihre Aktivitäten und deren Konsequenzen, indem sie einen CD-Rom-Text auswerten und eine Mind-Map entwerfen.

FZ 4 erkennen, dass es nicht nur organisierten und programmatischen Widerstand gab, sondern auch „alltäglichen", indem sie eine Quelle auswerten und eine Tabelle erstellen.

FZ 5 kennen die Motive, die Merkmale, das Lebensgefühl und die Aktivitäten der „Swing-Jugend", indem sie einen Zeitzeugenbericht auswerten und ein Interview zu zentralen Textaussagen konstruieren.

FZ 6 kennen die Motive, Ziele und Umstände des Attentates auf Hitler am 8. November 1939, indem sie einen Lexikonartikel auswerten und ein Schaubild erstellen.

FZ 7 entwickeln verschiedene Stufen des Widerstandes, indem sie ihnen bekannte Beispiele für Widerstand nach selbst erstellten Kriterien in einem Blockdiagramm unterscheiden.

FZ 8 erkennen, dass eine Zuordnung einzelner Aktivisten nicht immer eindeutig möglich ist, indem sie verschiedene abweichende Verhaltensweisen miteinander vergleichen.

FZ 9 beurteilen die verschiedenen Formen des Widerstands, indem sie ihre Stationenprodukte miteinander vergleichen.

FZ 10 beurteilen die Praktikabilität von Modellen zur Darstellung des Widerstandes, indem sie verschiedene Modelle miteinander vergleichen.
FZ 11 beurteilen die Bedeutung des deutschen Widerstands (trotz seines Scheiterns), indem sie auf ihre Arbeitsergebnisse zurückgreifen.

5. Methodische Feinziele

Die SchülerInnen ...
FZ 1 organisieren selbständig ihre Arbeitsform, indem sie ohne Anleitung des Lehrers Arbeitsgruppen bilden.
FZ 2 erstellen ein Schaubild, ein Diagramm, eine Mind-Map, ein Verlaufsprotokoll, ein Flugblatt, eine Tabelle und ein Interview, indem sie Informationen auswerten und anwenden sowie die formalen Kriterien zur Erstellung dieser Darstellungen beachten.
FZ 3 erhöhen ihre Präsentationskompetenz, indem sie ihre Arbeitsprodukte vorstellen.

4. Überprüfung des Lernerfolges

Zur Überprüfung des Erfolges der Erarbeitung dient Folgendes: an den Stationen erstellte Arbeitsprodukte, dort jeweils direkt erfolgte Überprüfung der Kenntnisse (Fragebögen), benotete schriftliche Lernerfolgskontrolle nach Auswertung der Stationenarbeit, Unterrichtsbeobachtungen und Schülereindrücke von der Stationenarbeit (Evaluationsbogen: Inhalt und Methoden). Ob es zu einer erfolgreichen Informationsverarbeitung kam, lässt sich über die Aufforderung zu einer Handlung (hier: Ausfüllen eines Fragebogens) verifizieren, deren Richtigkeit unmittelbar überprüfbar ist.[91] Die Auswertungs- und die Beurteilungsphase dienen dazu, den Umgang mit den Kenntnissen zu bewerten.

[91] Gödert, 1996, S. 275.

5. Synopse[92]

Phase	Zeitraum	Inhalt
Einstieg[93]	Donnerstag, 29.9.00 *(1 Stunde)*	Einführung in die Thematik „Widerstand im Nationalsozialismus“
Erarbeitung	Mittwoch, 4.10.00 *(1 Doppelstunde)*, Donnerstag, 5.10.00 *(1 Stunde)*, Dienstag, 10.10.00 *(1 Stunde)*	Kurze Einführung in die Prinzipien des Stationenlernens und Vorstellung der Stationen; Erarbeitung des Themas an Stationen mit Methoden zur Informationsverarbeitung
Auswertung und Beurteilung	Dienstag, 10.10.00 *(1 Stunde)*, Mittwoch, 11.10.00 *(1 Stunde)*	Präsentation der Stationenergebnisse und Beurteilung einzelner Aspekte

[92] Eine ausführlichere Darstellung ist nicht notwendig, da diese bereits in der Stationenbeschreibung vorliegt.

[93] Der Einstieg ist nicht Teil der Untersuchung und wird daher auch nicht mit Lernzielen versehen, aber aufgrund einer besseren Übersichtlichkeit aufgeführt.

VI. Durchführung und Analyse

1. Durchführung und Analyse der Erarbeitungsphase

Vor der ersten Stunde des Unterrichtsvorhabens wurden die Stationen in der Pause mit recht hohem Zeitaufwand (ca. 30 Minuten) erstmals installiert. Als die ersten Schüler den Klassenraum betraten und den Fernseher, die Kassettenrekorder und den PC sahen, kam es gleich zu einigen Begeisterungsäußerungen. Sie hatten natürlich Kenntnis von dem Unterrichtsvorhaben, aber eine genaue Vorstellung von dieser Lernform besaßen sie noch nicht. Eine Schülerin, ihre Mutter ist Lehrerin, sagte in etwa: „Warum haben Sie sich so viel Arbeit gemacht? Das ist ja kaum zu fassen. Das können Sie aber nicht jeden Tag machen, denn so viel Zeit hat man als Lehrer normalerweise gar nicht." Gleich sehr wahre Worte zu Beginn, die später noch einmal aufgegriffen werden.

Der Lehrer erläuterte in dieser Doppelstunde in den ersten zehn Minuten das Prinzip des Stationenlernens sowie die allgemeinen Arbeitshinweise und stellte die einzelnen Stationen vor.[94] Dazu gab es nur wenige Nachfragen, und man merkte den Schülern die Neugierde auf das, was denn nun auf sie zukommt, schon an. Trotzdem verwunderte es, dass sich die selbständige Bildung von Arbeitsgruppen enorm schnell und reibungslos vollzog. So entstanden sechs Gruppen zu je vier und eine mit drei Lernenden. Zwei Schülerinnen fehlten während der ersten drei Stunden der Erarbeitung, da sie sich auf einer Chorfahrt befanden, und schlossen sich später der Dreiergruppe an.

Keiner wollte also alleine oder in Partnerarbeit tätig sein, was etwas überraschte, da doch zwei bis drei Schüler, die zwar gute Leistungen erbrin-

---

[94] Um den großen zeitlichen Aufwand für die Installation der einzelnen Stationen nicht viermal erbringen zu müssen und um zu überprüfen, inwiefern sich der Einsatz von Einzel- und Doppelstunden beim Stationenlernen unterscheidet, wurden zwei Stunden von Kollegen ausgeliehen. So standen zwei Doppelstunden statt drei wöchentliche Einzelstunden zur Verfügung.

gen, nach Eigenauskunft lieber alleine agieren. Die Vorgabe lautete lediglich, dass Gruppenarbeit zwar wünschenswert, aber keineswegs zwingend sei und keine Einheit mehr als vier Personen enthalten dürfe, da nach meiner Erfahrung größere Gruppen nicht effizient arbeiten. Die Integration der beiden Fehlenden in die Dreiergruppe sollte diesen ein Profitieren von der bisherigen Gruppenarbeit und eine fruchtbare Erarbeitung an der Schlussstation ermöglichen. Eine Einteilung in Neigungsgruppen ist sinnvoll, da die Schüler über ein sehr langen Zeitraum zusammenarbeiten müssen und sich auch verstehen sollten.
Zwei Gruppen hatten zu Beginn einige Probleme, sich einen Überblick über die verschiedenen Stationen zu verschaffen, was möglicherweise daran lag, dass nur drei Stationen einen festen Platz im Klassenraum hatten und die anderen beiden an frei wählbaren Tischen zu lösen waren. Insgesamt haben die Schüler zügig, diszipliniert und routiniert ihre Arbeit aufgenommen und durchgeführt. So ist der Verlauf des Unterrichts positiv zu bewerten, und die Lernziele wurden in inhaltlicher, methodischer und sozialer Hinsicht erreicht. Aber natürlich gab es auch einige Unwägbarkeiten.
In der frühen Phase der Erarbeitung stellte sich heraus, dass in einer Gruppe größere Schwierigkeiten vorlagen. Ein Gespräch mit den Gruppenmitgliedern ergab, dass zwischen Paul und Herbert enorme Spannungen bestanden, die unüberwindlich wirkten und eine fruchtbare Zusammenarbeit unmöglich erscheinen ließ, so dass gemeinsam der Entschluss gefasst wurde, eine andere Gruppe um den Tausch eines Gruppenmitgliedes zu bitten, was die betroffenen Schüler auch gerne taten. Alle Beteiligten bekundeten, mit den neuen Zusammensetzungen zufrieden zu sein.
Zu einer ursprünglich befürchteten Überlastung der Stationen kam es nicht, da die Schüler an den Stellen, die technische Geräte beinhalteten, ihre Informationen zügig aufnahmen und sich dann an andere Arbeitsplätze zurückzogen, um ihr jeweiliges Produkt zu vollenden. Auch der Umgang mit diesen Medien verlief weitgehend reibungslos. Lediglich

das Zurückspulen des Films an die richtige Stelle nach Beendigung der Sichtung bereitete zweimal größere Probleme, so dass der Lehrer den Anfangspunkt ermitteln musste. Eine Gruppe war nach Abschluss ihrer CD-Rom-Arbeit zu ermahnen, da sie den Datenträger verlassen hatte, um sich in „Windows" zu tummeln. Da es sich um einen Rechner des Informatikraumes handelte, der nur ausnahmsweise den Weg ins Klassenzimmer fand, war hier erhöhte Vorsicht geboten, damit keine Systemeinstellungsänderungen eintraten. Vier andere Schüler mussten davon abgehalten werden, der CD-Rom weitere Informationen zu entlocken. Das zeigt aber, dass Interesse für dieses Medium geweckt wurde, was später mehrere Schüler betonten. Probleme bei der Bedienung des Rechners gab es nicht, was auf die bereits vorhandene PC-Kompetenz der Schüler, aber auch auf die genaue Anleitung, die ein recht schnelles Auffinden des Artikels ermöglichte, zurückzuführen ist.

In den Gruppen kam es teilweise zu sehr angeregten und ausnehmend kontroversen Diskussionen über die Vorgehensweise bei der Anfertigung der Produkte, was man als Indiz dafür ansehen kann, dass die Informationsquellen sowie die Arbeitsaufträge und somit die einzelnen Methoden Anklang fanden. Eine hohe Motivation war bei fast allen Gruppen deutlich zu konstatieren. Wie interessant die Stationen für die meisten waren, zeigte sich u.a. auch darin, dass in den Pausen zwischen den zwei Doppelstunden fünf der sieben Gruppen weiterarbeiteten und ihre „Ruhezeit" nicht in Anspruch nahmen, obwohl sie auf diese noch einmal explizit hingewiesen wurden. Sie seien gerade an einem wichtigen Punkt angelangt und müssten weitermachen, lautete die Antwort. Auch die Arbeitsteilung innerhalb der Gruppen funktionierte gut, so dass jeder ständig in Aktion war. Die Bewertung der Gruppenarbeit durch die Schüler bestätigte den Eindruck: Die Zusammenarbeit verlief für 15 Schüler gut, für zehn befriedigend und für vier eher nicht gut.

Es herrschte eine angenehme Arbeitsatmosphäre, so dass sich der Lehrer zurückziehen und auf Beratung, Beobachtung sowie Beaufsichtigung beschränken konnte. Leichte Unstimmigkeiten in den Gruppen trugen die

Schüler bis auf zwei Ausnahmen alleine aus und wollten die Hilfe des Lehrers bei persönlichen Divergenzen auch kaum in Anspruch nehmen, was von mir sehr positiv aufgenommen wurde, da es die erreichte Selbständigkeit bei der Regelung von - wenn auch kleineren - Konflikten (betreffs der Vorgehensweise, Gestaltung einzelner Produkte) unterstreicht. So kam es im Prinzip zu einer Aufhebung der festen Rolle des Lehrers, der vermutlich fast schon als untätiger Besucher wahrgenommen wurde, da man sehr selbständig und ernsthaft mit den Aufgaben umging.
Während der Unterrichtsstunden und in den Pausen gab es zahlreiche positive Rückmeldungen über die Arbeitsform. Dabei hoben die Schüler hervor, dass die Stationen interessant gestaltet seien und sie vor allem das völlig selbständige Arbeiten genössen, das sie als äußerst angenehme Freiheit empfänden. In der dritten Stunde nahmen sie ihre Arbeit ohne Verzögerung eigenständig und ohne Anweisung wieder auf, und die positive Tendenz setzte sich fort. Es zeigte sich hier, dass auch Einzelstunden, die von manchen Autoren als nicht förderlich betrachtet werden, für Stationenarbeit geeignet sind - selbst bei den überwiegend zeitintensiven Arbeitsaufträgen. Die Schüler bekundeten keine Probleme beim Wiedereinfinden in die noch nicht abgeschlossenen Arbeitsprozesse. Sehr erfreulich war die Beobachtung, dass sich einige im bisherigen Unterricht sehr zurückhaltende Schüler wie Sabine, Ulrike, Annika, Paul und Kerstin tatkräftig in die Gruppenarbeit einbrachten und sich überwiegend äußerst kommunikativ zeigten; einige blühten sichtlich auf. So agierte die eigentlich recht schwache Mädchengruppe mit Stefanie, Ute, Sabine und Kerstin sehr selbstbewusst und weitgehend kompetent.
Eine Jungengruppe, die zwei leistungsstarke Schüler enthielt, hatte nach der ersten Sichtung ihrer Produkte bei ihren ersten beiden Stationen zum Teil etwas sorglos und unter ihrem Niveau gearbeitet. Das stellte ein größeres Problem dar, so dass die betreffenden Schüler noch einmal darauf hingewiesen wurden, dass der Stoff prüfungsrelevant sei (LEK) und sie sich etwas mehr Mühe geben müssten, um eine akzeptable Note zu errei-

chen. Dies nahmen sie sich auch zu Herzen und gingen sehr viel engagierter zu Werke.
Die Gruppe von Peter, Tobias, Paul und Tom war an einigen Stationen obendrein etwas langsamer als die übrigen, ihnen schien etwas die Motivation zu fehlen. Ob das vielleicht auch auf Missstimmungen innerhalb der Gruppe zurückzuführen war, konnte ich aufgrund meiner Beobachtungen nicht eindeutig entscheiden. Trotzdem schafften sie es, fast zeitgleich mit den anderen ihre Arbeit an den ersten fünf Stationen zu beenden. Dahingegen merkte man zwei Gruppen, die einen enorm ehrgeizigen Eindruck vermittelten, sehr an, dass sie unbedingt das beste Ergebnis erzielen wollten. Die Kontakte unter den einzelnen Gruppen waren recht spärlich, und es ließ sich stellenweise ein Konkurrenzverhalten diagnostizieren, das allerdings grundsätzlich nicht negativ zu bewerten ist, da es die Arbeitsproduktivität sichtlich erhöhte.
Der Arbeitsauftrag zur „Swing-Jugend" musste drei Gruppen näher erläutert werden, da dieser wohl etwas ungewöhnlich war und sie bisher noch kein Interview produziert hatten, in dieser konstruierten Form ohnehin nicht. Der Film wurde von einigen während der Erarbeitungsphase als anstrengend charakterisiert, da sie zügig mitschreiben mussten, um die Informationen zu sichern. Jedoch wurde es als sehr hilfreich empfunden, den Film auch mal anhalten zu können. Die Rezeption des Hörspiels bezeichneten zwei Schüler ebenfalls als schwieriger, da man sich völlig auf das Hören konzentrieren musste. Hier wäre es eventuell sinnvoll gewesen, Pausen zu ermöglichen, obwohl viel weniger Daten und Fakten als beim Film festzuhalten waren. Diese Einzelrückmeldungen belegen die gängigen Feststellungen, dass es einigen Schülern sichtlich schwer fällt, sich längere Zeit zu konzentrieren.
Da die Gruppen unerwartet ihre Arbeit etwa zeitgleich beendeten, war ein Beginn der Erarbeitung an der Zusatzstation für die meisten nicht mehr erforderlich. So informierten sich zwar noch zwei Gruppen anhand des Lexikons über Elser und sein gescheitertes Attentat, erstellten aber kein Schaubild mehr. Der Abbruch dieser Erarbeitung war nötig, um einen

gemeinsamen Start an der Schlussstation zu ermöglichen. Alleinig eine Gruppe, die zugleich die besten Produkte anfertigte, schloss ihre Beschäftigung an der Zusatzstation ab.

In dieser Konstellation kam es zwischen den beiden leistungsstarken und äußerst dominanten Schülern Stefan und Esther öfter zu merklichen Unstimmigkeiten; beide hatten immer sehr ehrgeizige und unterschiedliche Ideen zur Umsetzung der Arbeitsaufträge und wollten jeweils die ihrige durchsetzen. Die Kontroversen führten laut Aussage der Beteiligten jedoch immer zu einem produktiven Kompromiss. Insgesamt kann festgehalten werden, dass die Mädchengruppen konzentrierter arbeiteten und auch bessere Produkte erzielten als die beiden Jungengruppen. Zwei der drei gemischten Gruppen erbrachten im Ganzen die besten Ergebnisse, die andere stellte noch gute Ergebnisse her. Allerdings lassen diese Feststellungen keine generalisierenden Schlüsse zu.

In der vierten Stunde war zwar immer noch ein Arbeitseifer zu konstatieren, aber es zeigten sich auch leichte Ermüdungserscheinungen. So konnte mit der Schlussstation erst 15 Minuten vor Beendigung der vierten Stunde begonnen werden, da es sich um eine weitere Doppelstunde handelte, setzte sich die Arbeit noch in den ersten 15 Minuten der zweiten Stunde fort. Der Arbeitsauftrag der Schlussstation stieß bei einigen auf Ablehnung, da ihnen deutlich wurde, dass sie nach einer intensiven Erarbeitung (erneut) ein sehr hohes Anspruchsniveau erwartete. So gab es zunächst auch einige Nachfragen zu diesem Arbeitsauftrag, der noch einmal detailliert darlegt werden musste. Die Arbeit wurde mit Ausnahme der beiden ehrgeizigsten Gruppen, die sich zügig und eifrig an die neue Herausforderung machten, nur widerwillig aufgenommen, und meine Hoffnung auf gute Ergebnisse an dieser Schnittstelle wurde kleiner. So stellte diese Station doch einen recht abrupten Wechsel von überschaubaren und handfesten Aufgaben zu einer etwas abstrakten Darstellungsform dar, die viele Schüler anscheinend abschreckte.

Unmut kam vermutlich auch deshalb auf, weil Lerninhalte, die abgehan-

delt schienen, noch einmal der intensiven Reflexion bedurften (zwei Schüleräußerungen auf dem Evaluationsbogen bestätigten dies). Auch waren sie in ihrer Entscheidungsfreiheit wieder eingeschränkt, da nun alle zeitgleich ein bestimmtes Produkt erstellen mussten. Um so überraschender waren die erzielten Ergebnisse, die zeigten, dass die Struktur des Widerstandes von allen Gruppen eindeutig erkannt wurde, wenn auch partiell sehr unterschiedliche Unterteilungen vorlagen. Allerdings konnte sich die Gruppe von Astrid, Annika, Michael und Christian nicht auf ein gemeinsames Produkt einigen, so dass (von mir auf Nachfrage bewilligt) Astrid und Annika ein eigenes anfertigten und alle vier sichtlich zufrieden schienen.
Insgesamt wurde die vorgesehene Erarbeitungszeit für die Stationen um 15 Minuten überschritten, aber immer noch in angemessener Zeit bewältigt, und da sich gleichfalls die Auswertung etwas ausdehnte, waren insgesamt 25 Minuten mehr nötig als geplant - eine Verlängerung, die vertretbar ist.

2. Durchführung und Analyse der Auswertungs - und der Beurteilungsphase

Da die Arbeit an den Stationen den zentralen Teil der Themenstellung beinhaltet und die Wirkung der Methoden zur Informationsverarbeitung unmittelbar nach deren Anwendung überprüft werden musste, wird auf eine breite Darstellung der Auswertung verzichtet und sich auf die wesentlichen Gesichtspunkte konzentriert. Die Analyse der Arbeitsprodukte stellt das zentrale Messinstrument dar. Die Präsentation der Ergebnisse, insbesondere der Schlussstation, an der Tafel ermöglicht eine Rückschau auf den Lernprozess, zeigt den Schülern den Lernerfolg auf und dient als Grundlage für ein Abschlussgespräch über den Widerstand im Nationalsozialismus.
Die beiden Auswertungs- und Beurteilungsstunden verliefen erfreulich, wobei zu Anfang der Geräuschpegel etwas hoch lag. Die Schüler hatten ein wenig mehr als vier Unterrichtsstunden mit Gruppenarbeit verbracht,

sehr viel Selbständigkeit und Freiraum sowie die Möglichkeit zu ausreichender Kommunikation genossen und mussten sich erst wieder umorientieren, was einigen sichtlich schwer fiel. Kurze Ermahnungen ließen die beiden Stunden dann aber sehr ruhig und konzentriert verlaufen. Die meisten Produkte wurden ansprechend und überwiegend prägnant erläutert, und das Plenum nahm größtenteils sinnvolle Ergänzungen vor, so dass zu allen Stationen vollständige und aussagekräftige Ergebnisse vorlagen. Die einzelnen Erzeugnisse präsentierten verschiedene Schüler einer Gruppe (Losentscheid), so dass im Laufe der Auswertung etwas mehr als die Hälfte der Schüler aktiv als Einzelvortragende beteiligt war. Unter anderem kam es bei der Beurteilung der Protokolle zu Kontroversen darüber, wie engmaschig die Informationen angelegt sein müssten. Die verschiedenen Ausführungen der Mind-Maps zeigte und erläuterte man auf OH-Folien, und die unterschiedlichen Ordnungsmuster verglich man miteinander, so dass die Strukturierungsprozesse deutlich wurden.
Die Auswertung lag weitgehend in Schülerhand, musste aber etwas stärker gelenkt werden als geplant, da einige Ergänzungen zu kommentieren und einige Fakten richtig zu stellen waren. Am interessantesten gestaltete sich die Auswertung der Stufenmodelle, die, wie erwartet, sehr unterschiedliche Produkte, Kreatives sowie zum Teil sehr Anspruchsvolles eröffnete. Jede Gruppe entfaltete ihr Modell, und es wurde zumeist äußerst konstruktiv kritisiert und diskutiert sowie auf offensichtliche Mängel hingewiesen. Die Schwierigkeiten bei der Zuordnung verschiedener Widerständler zu einzelnen Stufen wie auch die generelle Unterteilung in verschiedene Grade wurden offen und anregend verhandelt.
In dem anschließenden Vergleich mit dem Peukert-Modell, der Unterschiede und Gemeinsamkeiten zu den ihrigen aufzeigte, konstatierten sie die Qualität dieses Modells, wiesen aber gleichfalls auf die Vorteile (und auch Nachteile) ihrer Darstellungen hin. Mehrmals wurden die eigenen Entwürfe wegen der Einfachheit und Übersichtlichkeit bevorzugt. Die Einteilung auf der x- und der y-Achse von privatem bis öffentlichem

Handlungsraum sowie von partieller bis genereller Kritik am System wurde als gute Ergänzung betrachtet.
Zwei Schüler warfen die Frage nach der Sinnigkeit einer solchen Einteilung auf, sie sei ihnen zu abstrakt, da es sich beim Widerstand um leibhaftige Menschen mit entsprechenden Schicksalen handele, die man nicht einfach in ein Schema pressen könne, zumal es auch sehr große Unterschiede innerhalb der einzelnen Stufen gebe. Dieser bemerkenswerten Feststellung schlossen sich weitere Schüler an, und ein völliger Widerspruch war meiner Ansicht nach auch nicht angebracht. Lediglich auf die Funktion der Darstellung für Schule und Wissenschaft als heuristisches Modell wurde explizit hingewiesen. Jedenfalls beweist dies, dass sich die Schüler intensiv mit den Stufenmodellen auseinander gesetzt haben. Sehr wichtig ist, dass sie erkannten, dass Widerstand im NS-Staat ein sehr komplexer Gegenstand ist und es nicht nur ein maßgebliches Modell gibt. Die Schwierigkeiten der Zuordnung einzelner Verhaltensweisen wurden von den Lernenden selbständig thematisiert, was sich in einem Vergleich verschiedener Akteure ausdrückte, der zeigte, dass die Verknüpfung der einzelnen Stationen erfolgreich war.
Das Auswertungsgespräch kann als zusätzlicher Indikator zur Bewertung der erworbenen Kenntnisse an den einzelnen Stationen dienen. Die Beteiligung in dieser Beurteilungsphase war deutlich höher als in den früheren. Mit den erzielten Kenntnissen wurde meist sicher umgegangen, so dass auch eine offenkundige und mit Fakten unterlegte Urteilsfähigkeit konstatiert werden konnte. Die beiden Phasen stellten einen Zuwachs an methodischer Sicherheit dar, da einerseits die Präsentation (wenn auch nicht von allen Schülern), aber ebenfalls die kritische Beurteilung und die Diskussion über einzelne Aspekte ansprechend praktiziert wurde.

3. Analyse der an den Stationen erzielten Produkte und der Fragebögen

Die Analyse bezieht sich u.a. darauf, ob zu den Inhalten die passenden Methoden ausgewählt wurden. Waren die Stationen gut vorbereitet, so dass die gegebenen Informationen selbständig adäquat verarbeitet werden konnten? Zwei Indikatoren zur Messung stellen, wie erwähnt, die an den Stationen erstellten Arbeitsprodukte und die sich auf die erworbenen Kenntnisse beziehenden Fragebögen dar, die direkt nach Abschluss einer Station von d en Lernenden auszufüllen waren, da bei einer Erhebung nach der Stationenarbeit ein Austausch mit anderen Gruppen erfolgt sein könnte. Eine Abfrage nach der Auswertung besäße eine noch geringere Aussagekraft, da alle zentralen Informationen selbst für diejenigen, die diese nicht gewonnen hätten, jetzt offensichtlich wären. Es könnte nicht mehr klar zwischen eigenem und fremdem Erkenntnisgewinn unterschieden werden.

Diese Produkte sind handfester als beispielsweise lediglich die Beobachtung der Schülerhandlungen oder ein Evaluationsbogen nach Beendigung der gesamten Stationenarbeit. Das Ausfüllen der Test-Fragebögen nahm einige Zeit in Anspruch (jeweils ca. fünf Minuten), zeigte aber auch, dass Leistung gefordert wurde, und bedeutete keine Störung des Arbeitsbetriebs, sondern stellte eine zusätzliche Abwechslung dar. Nach meinen Beobachtungen bearbeiteten die Schüler selbständig die unmittelbar nach dem Ausfüllen eingesammelten Fragebögen. Die Arbeitsprodukte wurden ebenfalls direkt nach ihrer Vollendung einbehalten, anschließend kopiert und erst wieder vor der Erarbeitung der Schlussstation ausgeteilt, damit auch hier nicht nachträglich neue Erkenntnisse einfließen konnten.

Der Indikator „Kennen“ zur Überprüfung der Brauchbarkeit der Methoden bezieht sich schlechterdings partiell auch auf die Makromethode, da durch sie die übergreifende Struktur des Widerstandes verdeutlicht werden sollte. Durch die Begutachtung der Schülererzeugnisse wird aber nicht nur die Kennen-Ebene überprüft, sondern damit einhergehend der

Bereich des Anwendens - das heißt, die inhaltliche und die formale Gestaltung der Produkte. Bei der Beantwortung der Fragen zeigte sich, dass Gruppen mit guten Arbeiten auch entsprechende Ergebnisse lieferten, so dass die schwächeren Gruppenmitglieder von den besseren profitierten, wobei diese trotz allem meist etwas schlechter abschnitten als die besseren.

Nach längerem Abwägen wird aus Platzgründen auf eine Dokumentation der zahlreichen Schülerprodukte verzichtet, dafür werden diese transparent beschrieben.

Station 1:

Die Flugblätter zeigen deutlich, dass die Motive und die Ziele der Weißen Rose aufgenommen und v erarbeitet wurden. Die Schüler nahmen eindeutig deren Perspektive ein. So wurden die Verbrechen des Staates aufgeführt und angeprangert sowie die Abschaffung des Regimes gefordert. Die meisten Gruppen stellten ihre Feststellungen und Fo rderungen farblich heraus und verwendeten auch Symbole, z.B. zerbrochene Hakenkreuze. Die formale Gestaltung orientierte sich an den Vorgaben auf dem Arbeitsblatt. Eine breite Zielgruppe wurde direkt angesprochen und die Produkte waren informativ, plakativ sowie ansprechend mit aussagekräftigen Daten und Fakten versehen. Häufig wurden auch konkrete Fragen formuliert, die die Adressaten zum Nachdenken über das Regime anregen sollten. Insbesondere die Frage nach den Verhafteten und Ermordeten wurde oft thematisiert, und bis auf eine Gruppe hatten alle einen konkreten Aufruf an die Bevölkerung zum Widerstand formuliert. Vorwiegend wurden ein gut wahrnehmbarer Flugblattkopf und eine große, gut lesbare Schrift sowie eine leicht verständliche und graphisch ansprechende Form gewählt. Lediglich eine Gruppe sammelte zu viel Text an, der das Ganze unübersichtlich machte, aber die zentralen Fakten waren auch hier enthalten. Selbst Absender wurden angegeben, und drei der sieben Produkte wurden mit sehr viel Liebe zum (auch zeichnerischen) Detail gestaltet und verdienen besondere Würdigung.

Der Fragebogen blickte auf die Motive und Ziele der Weißen Rose. Diese wurden von fast allen richtig reproduziert, wobei sich einige kürzer fassten und verschiedene Aspekte allgemein wiedergaben, aber trotzdem die wesentlichen Gesichtspunkte aufführten. Nur zwei schwächere Schüler haben nicht ausreichende Leistungen erbracht und den Bogen ausschließlich mit zwei Stichworten versehen. Ob sie wirklich keine Kenntnisse erworben hatten oder die Leistung schlicht verweigerten, ergab ein Gespräch mit den Betreffenden. Sie äußerten naiv, den Fragebogen nicht als so wichtig angesehen zu haben. Eine deutliche Ermahnung brachte Besserung.

Trotzdem kamen mir prinzipielle Zweifel in Bezug auf dieses Messinstrument. Die Schüler wussten, dass diese Bögen nicht benotet werden und haben sich kurz gefasst, waren verständlicherweise zum Teil mehr an der nächsten Station interessiert als an den „alten Fakten“. Obzwar der Bedenken kann diese Erhebung als Hilfsmittel zur Evaluierung dienen, da sie die grundsätzliche Tendenz des Lernerfolges abbildet. Insgesamt wiesen die Fragebögen der einzelnen Stationen auch ein gutes bis zufrieden stellendes Ergebnis auf.

Station 2:

Mehrheitlich wurden sehr detaillierte und die Daten sowie die Fakten des Films wiedergebende Angaben präsentiert, was belegt, dass es sich um eine zweckmäßige Filmsequenz handelte. Die Gruppe von Herbert, Mario, Henning und Arndt, die mehrmals durch schwächere Produkte auffiel, verfasste einen sehr kurzen Text mit fehlenden, aber im Film genannten Einzelheiten. Auch die Chronologie der Ereignisse wurde nicht beachtet, und die Namen der Protagonisten des 20. Juli wurden zweimal verwechselt. Dies stellte kein befriedigendes Produkt dar. Ihre Fragebögen bestätigten die ungenaue Arbeitsweise, lediglich ein Schüler konnte ein gutes Ergebnis erzielen, hatte sich jedoch womöglich nicht genügend bei der Erstellung des Gruppenproduktes eingebracht. Zwei weitere Konstellationen haben zwar keine falschen, allerdings recht allgemeine

Angaben im Protokoll formuliert und eher erzählend und umschreibend das Geschehen wiedergegeben. Es stellt sich die Frage, ob diesen Gruppen die Form des Protokolls nicht hinreichend präsent war - obwohl auf die wesentlichen Gesichtspunkte auf dem Arbeitsblatt noch einmal hingewiesen wurde - oder sie die Informationen des Films nicht detailliert genug aufgenommen hatten, um sie später in einem Protokoll auch verarbeiten zu können. Vielleicht waren zu viele Daten und Fakten auf einmal festzuhalten, obwohl das Angebot bestand, den Film auch anzuhalten, um die Notizen zu vervollständigen. Bei einer zukünftigen Verwendung eines Protokolls ist in dieser Hinsicht auf jeden Fall größere Beharrlichkeit angemessen und ein stärkeres Insistieren auf Einhaltung der formalen Aspekte zwingend.

Die übrigen Schüler haben Letztgenanntes beachtet. Insgesamt zwei Protokolle wiesen allerdings größere sprachliche Mängel auf und beinhalteten eine ansehnliche Anzahl von Rechtschreibfehlern, was darauf schließen lässt, dass ein schwacher Schüler der Gruppe den Text niederschrieb und sich die besseren nicht die Mühe machten, Korrektur zu lesen. Auf einen entsprechenden methodischen Hinweis müsste fortan bei der Formulierung solcher Arbeitsaufträge geachtet werden. Die neutrale Wiedergabe der Geschehnisse wurde von allen beherzigt, und es bleibt festzuhalten, dass vier von sieben Gruppen sehr ansprechend gearbeitet haben.

Der Fragebogen zu dieser Station bestätigte weitgehend diese Ergebnisse. Die Schüler sollten den Begriff „Operation Walküre“ erläutern, drei Hauptträger des Umsturzversuchs benennen und d ie Gründe für sein Scheitern kurz darlegen. Dabei erstaunte es, dass selbst die Schüler der Gruppen mit kaum befriedigenden Protokollen weitgehend richtige Antworten lieferten, die Informationen wurden also dessen ungeachtet zu einem größeren Teil verarbeitet. Anscheinend liegt bei einigen Schülern eine grundsätzliche Aversion gegenüber Protokollen vor, da ihre Erstellung mit verhältnismäßig viel Aufwand verbunden ist.

Station 3:

Da das Übertragen von Informationen von einer CD-Rom direkt auf ein Arbeitsblatt keine allzu große Herausforderung darstellt, ist hier insbesondere auf die Strukturierung und die anschauliche Verkettung zentraler Fakten zu achten. Die Mind-Maps waren bis auf eine Ausnahme detailliert sowie vollständig, und in der Regel wurden zu einzelnen Zweigen korrekte Unterzweige entwickelt und sich adäquat auf die zentralen Aspekte beschränkt. Eine Gruppe, die weniger ausführliche Angaben machte, erfasste aber dennoch die wesentlichen Motive, Ziele und Aktivitäten sowie deren Folgen, so dass man mit einem Blick eine brauchbare Übersicht über die Bekennende Kirche erhielt. Eine Mind-Map war unvollständig in Bezug auf die Folgen der Aktivitäten, und es wurden auch keine übersichtliche Strukturierung sowie keine logische Verknüpfung vorgenommen. Insgesamt lagen an dieser Station aber (noch) einnehmende Produkte vor.

Der Fragebogen, der auf die Beweggründe für das Entstehen der Bekennenden Kirche sowie deren Aktivitäten und die Reaktionen des NS-Staates abzielte, brachte weniger gute Resultate, da es partiell nur zu allgemeinen Angaben kam und vollständige Ergebnisse selten erreicht wurden. So stellt sich trotz der annehmbaren Mind-Maps die Frage nach der Funktionalität dieser Methode zur Informationsverarbeitung und ob sie eventuell lediglich zur Informationsaufbereitung sowie Strukturierung der Fakten zweckmäßig ist. Auf jeden Fall wurde nur ein Teil der Informationen tatsächlich verarbeitet. Möglicherweise ist den Schülern der Gegenstand grundsätzlich nicht interessant genug, da sie überwiegend der Kirche sehr ablehnend gegenüberstehen. Angaben auf dem Evaluationsbogen bestätigten, dass dieses Thema auf wenig Gegenliebe stieß. Der Text zur Bekennenden Kirche wurde, wie während der Erarbeitung kundgetan, von einigen als zu schwierig empfunden, da er arg viele Informationen enthalte und nicht besonders anschaulich sei. So sollte auf diesen zukünftig möglicherweise verzichtet werden und ein ausdrucksvollerer und dem Verständnis der Jahrgangsstufe angemessenerer CD-Rom-Text (vielleicht aus einer anderen CD-Rom oder zu einer anderen Gruppe) ausgewählt werden.

Station 4:

Die hier gestalteten Ergebnisse waren die besten, was wohl an dem recht einfachen Arbeitsauftrag lag. Der Lernerfolg zeigt, dass sich das Vorgehen als richtig erwies, aber auch keine Unterforderung vorlag. So weisen die alle zweispaltig gestalteten Tabellen eine vollständige und interessante Gegenüberstellung von gewünschtem und tatsächlichem Verhalten des „Volksgenossen" P. auf. Wobei sich die Mehrzahl der Schüler in der Tat treffende umschreibende wie übergreifende Formulierungen und Begriffe einfallen ließ, so dass keine banale Darstellung entstand. Lediglich eine Gruppe hat nach dem in der Planung beschriebenen Schema gearbeitet und sich einer weitgehend monotonen Gegenüberstellung hingegeben. Drei Gruppen haben nicht die nahe liegenden Spaltenüberschriften „gefordertes Verhalten" und „tatsächliches Verhalten" herangezogen, sondern die bessere, implizit angelegte Einteilung in „Volksgenosse" P. und „Volksgemeinschaft". Die kurzen Erläuterungen zu dieser Quelle wurden gleichfalls überzeugend eingearbeitet.

Die anschließende Frage nach fünf Verhaltensweisen, die als geringer Widerstand eingestuft werden können, beantworteten bis auf zwei Schüler alle erschöpfend. Hier lag ebenfalls das im Ganzen beste Resultat vor, was zeigt, dass sich Gegenüberstellungen in Tabellen gut memorieren lassen. Dieses Ergebnis bestätigte sich desgleichen in der LEK, in der mit diesen Angaben sicher und zutreffend umgegangen wurde.

Station 5:

Erfolge lagen ebenfalls an dieser Station vor. Die Schüler haben interessante und informative Interviews aus dem Zeitzeugenbericht erstellt, wobei sich manche mehr, andere weniger an die genauen Formulierungen des Ausgangstextes hielten. Wichtig ist auch die Kohärenz von Fragen und Antworten, die überall vorlag - bis auf insgesamt zwei von 35 Verknüpfungen. So entstanden konstruierte Interviews, die sehr aufschlussreich waren und gleichfalls einen hohen Unterhaltungswert besaßen. Einige Male wurden auch zweiteilige Fragen abgefasst, die bereits Informationen für den Leser enthielten. Die Begrenzung auf fünf Fragen und Antworten sowie deren maximale Länge von drei Sätzen wurde eingehalten und hat sich als zweckmäßig erwiesen. Die Texte gestalteten sich so, dass man ein anschauliches Bild über Kennzeichen und Aktivitäten der „Swing-Jugend" erhielt. Wichtige Punkte wurden betont, und die überwiegend gut formulierten Interviews vermittelten einen authentischen Charakter. Das führe ich unter anderem auf das hohe Identifikationsangebot bezüglich des heranwachsenden Swings zurück, dessen nonkonformes Verhalten vermutlich bei vielen Jugendlichen dieses Alters größere Beachtung findet. Alles in allem haben sich in den Interviews lediglich zwei kleine inhaltliche Ungenauigkeiten eingeschlichen, die die Schüler in der Auswertung richtig stellten.

Der angehörige Fragebogen verlangte fünf Angaben zu den Merkmalen der „Swing-Jugend", Beispiele für Reaktionen des NS-Staates auf deren Aktivitäten und Gründe für das abweichende Verhalten dieser Jugendlichen im Vergleich zu den meisten Gleichaltrigen. Die Ergebnisse waren überzeugend, was auf die intensive Auseinandersetzung mit dem Text als Voraussetzung für das Erstellen eines aussagekräftigen Interviews rückschließen lässt. Diese Methode hat sich außerordentlich bewährt. Lediglich ein Schüler, der vorher bereits durch nachlässiges Ausfüllen aufgefallen war und auch sonst im Unterricht eher eine oberflächliche Arbeitsweise an den Tag legt, tat dies hier wieder. Mit ihm wurde nach der Auswertung der Fragebögen ein intensives Gespräch geführt, das ein solch achtloses Arbeiten für die Zukunft hoffentlich reduziert.

Die beiden vor der Reihe nicht bekannten Verarbeitungsformen, Interview und Flugblatt, offenbarten keine schlechteren Ergebnisse als die vertrauten, was darauf verweist, dass die methodischen Anweisungen auf den Arbeitsblättern brauchbar waren und die Schüler sich rasch neue Methoden aneignen können.

Zusatzstation:

Wie bereits erwähnt, hat hier lediglich die beste Gruppe ein Produkt angefertigt. Das Schaubild gliederte sich in zwei Bereiche: Angaben zur Person Georg Elsers im oberen Zweig angesiedelt und eine sich darunter befindende Darstellung der Umstände des Attentates. Beide Komplexe wurden in sich mit Pfeilen folgerichtig strukturiert, und Bezüge zwischen Person und Attentat kennzeichnete man sinnvoll. Das Schaubild lässt sich von oben beginnend lesen, und man erhält eine Darlegung der Entwicklung zum Attentat hin. Insgesamt ist das eine gute Veranschaulichung, die nicht mit unnötigen Informationen überlastet ist und eine recht schnelle Orientierung gewährleistet. Wünschenswert wäre lediglich eine Ergänzung, die die genaue Zahl der Opfer beinhaltet. Die Frage nach den Umständen dieses Ereignisses haben drei der vier Schüler sehr gut bzw. gut beantwortet, eine Schülerin, die sich vermutlich etwas weniger in die Gruppenarbeit eingebracht hatte, kam nur auf ein befriedigendes Ergebnis, da sie u.a. nicht hervorhob, dass in diesem Beispiel die Besonderheit im Einzelgängertum Elsers liegt.

Schlussstation:

Die Ergebnisse dieses Kulminationspunktes standen im Zentrum des Interesses und wiesen einige Unterschiede auf. Die meisten Gruppen hatten wie Peukert eine Vierteilung vorgenommen, einmal unterschied man nur drei Stufen. Es war kein Ausfall zu verzeichnen, da überall praktikable Einteilungen und angemessene Zuordnungen der Widerstandsleistenden vorlagen. Als Gemeinsamkeiten wurden von fast allen das Aufbegehren gegen den Staat, seine Ideologie, seine Verbrechen und seine Zwänge aufgeführt. Die Unterschiede umfassten folgende Punkte: divergierende Aufopferungsbereitschaft im Kampf gegen den Nationalsozialismus, ungleiche Handlungsweise, Motive, Ziele, verschiedene Intensitätsgrade bezüglich des Widerstandes sowie abweichende Reaktionen des Staates auf diese Formen. Allerdings haben nur zwei Gruppen eine vollständige

Auflistung der Gemeinsamkeiten und Unterschiede geboten, aber sechs bis sieben zentrale Aspekte legten alle dar, so dass eine angemessene Reflexion konstatierbar ist.

Eine komplexe Bezeichnungsebene für die x- und die y-Achse (ähnlich dem Peukert-Modell) konnte keine Gruppe leisten, was aufgrund des hohen Anspruchsniveaus nicht zu erwarten und zur Bestimmung einer erfolgreichen Arbeit auch keineswegs notwendig war. Diejenigen, die Benennungen vorlegten, hatten auch eigene brauchbare Lösungen anzubieten. Die y-Achse wurde mit „Intensität“ (4x) und „Wirksamkeit des Widerstandes“ sowie „Stufe der Aggressivität“ (je 1x) belegt. Eine Gruppe ist mit ihrem Bezeichnungsversuch leider gänzlich fehlgeschlagen, da sie die x-Achse mit aktivem und die y-Achse mit geistigem Widerstand kennzeichnete. Eine stimmige Abbildung ist das nicht, worauf die übrigen Schüler auch hinwiesen - beide Begriffe hätten (wenn überhaupt) auf einer Achse angesiedelt sein müssen.

Auf der x-Achse fanden sich „Art des Widerstandes“ (2x) und die Namen der Gruppen bzw. Einzelpersonen (4x). Eine Gruppe verzichtete völlig auf eine Bezeichnung der x- und der y-Achse und nahm eine Unterteilung in passiven, aktiven und terroristischen Widerstand vor. Die Erläuterung des Plakates brachte Klarheit in den letztgenannten Begriff: Man wollte das Attentat als eine besondere Form darstellen, aber keineswegs einen Unrechtscharakter in das Handeln der Verschwörer vom 20. Juli 1944 implizieren. Die Ungenauigkeit dieses Terminus stellte die betreffende Gruppe dann selbst heraus und wurde bei der Analyse des Peukert-Modells noch einmal sehr anschaulich. Jenes wurde als Zugewinn aufgenommen. Auch wenn nur vier Gruppen insgesamt angemessene Bezeichnungen für die Achsen fanden, halte ich es weiterhin für vertretbar, diese von den Schülern einzufordern und nicht bei der Entwicklung von Namen für Stufen zu verharren. Denn solchermaßen wird eine intensivere Auseinandersetzung mit der Thematik erreicht.

Die Stufung der Beispiele ergab viermal die nahe liegende Reihenfolge

„Volksgenosse“ P., „Swing-Jugend“, Bekennende Kirche, Weiße Rose, Attentat vom 20. Juli 1944 (und vom 8. November 1939). Einmal setzte man die „Swing-Jugend“ auf eine Stufe mit dem „Volksgenossen“, zweimal wurde die Weiße Rose mit der Bekennenden Kirche gleichgeordnet und einmal sogar der kirchlichen Bewegung nachgestellt, was in der Auswertung mit deren lang anhaltender Aktivität begründet wurde. Eine Gruppe nahm die Unterteilung in aggressiven, geistlichen, öffentlichen, kulturellen und privaten Widerstand vor. Das ist zwar eine - insbesondere in Bezug auf den Begriff „öffentlicher Widerstand“ für die Weiße Rose - recht ungenaue Bezeichnung, aber dennoch zeigt es, dass sich die Schüler intensiv mit dem Gegenstand befasst und seine Struktur durchschaut haben.

Die Problematik der eindeutigen Zuweisung wurde bereits erwähnt, so dass zwar von mir die viermal vorliegende Reihenfolge als naheliegend herausgestellt und die Begründung dafür gemeinsam erläutert wurde, aber eine Ablehnung der übrigen Schülerdarstellungen im Sinne der Kontroversität des Gegenstandes und des Überwältigungsverbots nach dem Beutelsbacher Konsens unterblieb, da diese angemessen begründet wurden und nicht wirklich falsch sind. Im Gegenteil, unterschiedliche Darstellungen sind ein impliziertes Lernziel gewesen, unterstreichen die Komplexität des Gegenstandes und zeigen, dass sich nicht alles eindeutig in ein (wissenschaftliches) Korsett zwängen lässt. Auf einen Fragebogen wurde hier verzichtet, da dieser keine zusätzlichen Erkenntnisse erbracht hätte und die Plakate mit den Diagrammen aussagekräftig genug waren, um den Lernerfolg zu bestimmen.

4. Analyse zusätzlicher Bewertungsinstrumente

Lernerfolgskontrolle:

Ob sich die Informationen nur im Kurzzeit- oder auch im Langzeitgedächtnis ablagerten, kann bedingt das Ergebnis der LEK belegen, die im Anschluss an die Unterrichtsreihe durchgeführt wurde. Diese fiel entsprechend den Produkten ansprechend aus. Der Notendurchschnitt, der im vergangenen Schuljahr zwischen 3,0 und 3,6 lag, betrug diesmal 2,8. Allerdings gab es nur zweimal die Note 1, neunmal die 2, elfmal die 3, siebenmal eine 4, und lediglich ein Ergebnis (4-) stellte diesmal einen Ausfall dar. Auch wenn ein Vergleich mit anderen Unterrichtseinheiten nur Behelfscharakter haben kann, so ist dieses Resultat doch merklich positiver.

Der beste Befund (mit häufig voller Punktzahl) wurde bei der Frage erzielt, die auf nonkonformes und verweigertes Verhalten zurückgriff. Zur Weißen Rose, wo u.a. die Handlungsmotive dieser Gruppierung heranzuziehen waren, wurden gleichfalls überwiegend gute Leistungen erbracht, einen Totalausfall gab es nur einmal. Ebenso verhält es sich mit der „Swing-Jugend", die mit der Hitler-Jugend verglichen werden sollte; so lag kein Ergebnis unter knapp befriedigend. Die Frage nach der Bekennenden Kirche wurde von vielen nur ausreichend beantwortet, obwohl in der Auswertungsphase alle wesentlichen Details der Mind-Maps noch einmal zusammengetragen wurden. Die in der Analyse der Arbeitsprodukte bekundete Feststellung wird dadurch unterstützt, so dass diese Widerstandsbewegung tatsächlich nicht adäquat dargeboten und verarbeitet wurde.

Zwei der sechs Fragen der LEK bezogen sich auf die Beurteilung von Sachverhalten (Attentat vom 20. Juli 1944, Formen / Stufen des Widerstandes). Diese Aufgaben wurden zumeist ansprechend gelöst, insbesondere im Vergleich zu früheren LEK, wo Beurteilungsfragen öfter Probleme bereiteten. Das zeigt, dass die Schüler ihre Kenntnisse anwenden

und die entsprechenden Sachverhalte durch die an den Stationen erworbenen Kenntnisse ebenfalls beurteilen konnten, auch wenn dies etlichen Schülern weiterhin schwer fiel. Mit der Unterscheidung verschiedener Widerstandsformen ging man in der Regel sehr sicher um, wobei interessanterweise einzelne Schüler ihre als richtig bestimmten Unterteilungen und nicht das Peukert-Modell als maßgebend heranzogen. Das unterstreicht die Selbständigkeit der Schüler, die nicht nur das wiedergeben, was sie vom Lehrer, wenn auch nur ergänzend, vorgesetzt bekommen.
Natürlich darf bei der Analyse der LEK-Ergebnisse nicht vergessen werden, dass sich die Schüler zwischenzeitlich untereinander ausgetauscht haben, eine Auswertungs- und eine Lernphase dazwischen lagen. Gleichwohl unterstreicht sie die in der Analyse der Produkte und der Kenntnisbögen ermittelten Resultate und untermauert den Erfolg der Reihe.

Evaluationsbögen:

Im Anschluss an die Erarbeitung und vor der Auswertung der Stationenergebnisse (an dieser Stelle waren die Eindrücke noch frischer) wurde der bereits erwähnte Evaluationsbogen zu verschiedenen Punkten der Erarbeitung ausgeteilt. Die Ergebnisse der Erhebung bestätigten den bisherigen Eindruck. 22 Schüler gaben an, während des Stationenlernens viel über den Widerstand im Nationalsozialismus gelernt zu haben, lediglich sieben durchschnittlich viel und keiner wenig. Die Inhalte empfanden 18 Schüler als sehr interessant, neun durchschnittlich anziehend und zwei langweilig. Die Arbeitsform Lernen an Stationen fanden 19 Schüler gut und zehn mittelmäßig, niemand bewertete sie negativ. Laut Selbstaussage sind mit den gesamten Methoden 20 Schüler gut zurechtgekommen, neun mittelmäßig, nicht einer bezeugte Probleme.

Die meisten vermerkten, dass sie mit dem Erstellen des Protokolls und des Interviews gut zu Rande kamen, nur drei bzw. zwei Schüler bekundeten nicht zurechtgekommen zu sein, der Rest gab den mittleren Wert an. Zum Flugblatt waren die Bekundungen noch etwas positiver. Zur Tabellenerstellung gaben gerade mal drei Schüler an, geringe Schwierigkeiten gehabt zu haben, der Rest kam gut klar. Mit der Mind-Map gut bzw. durchschnittlich übereingekommen zu sein, konstatierte je knapp die Hälfte (fünf Lernende nicht gut). Selbst mit dem Erstellen des Diagramms kam noch knapp die Hälfte der Schüler gut zurecht, obwohl das die anspruchsvollste und komplexeste Aufgabe darstellte, lediglich ein Schüler vermerkte Nöte mit dieser.

Auf die Frage, durch welche Methode am meisten gelernt bzw. behalten wurde, antworteten die Schüler bei zwei möglichen Nennungen in folgender Weise: Flugblatt (12), Diagramm (9), Interview (9), Protokoll (9), Tabelle (8), Mind-Map (7). Es sind zwar keine großen Unterschiede festzumachen, doch kam auch hier die Mind-Map zur Bekennenden Kirche am schlechtesten weg und das Flugblatt am besten.

Anzuführen war noch die Methode (bei einer zulässigen Angabe), mit der am wenigsten gelernt bzw. behalten wurde: Protokoll (10), Mind-Map (7), Flugblatt (4), Interview (3), Tabelle (2), Diagramm (1). Das Protokoll-Ergebnis ist etwas überraschend; so kommt es zu einer eindeutigen Teilung in der Klasse bezogen auf die Einschätzung und die Funktionalität dieser Arbeitsmethode. Die Nachfrage ergab, dass noch weitere Faktoren eine Rolle spielen. So äußerten einige Schüler, dass der Filmausschnitt recht viele Informationen enthielt und sie die arbeitsintensive Erstellung eines Protokolls grundsätzlich als mühsam empfinden. Die Bewertung der anderen Darstellungsformen, insbesondere der Mind-Map und des Diagramms, ist im Sinne der Gesamtanalyse signifikant.

Unter dem fakultativen Bereich „Anmerkungen“, den nur sechs Schüler ausfüllten, fand sich dreimal, dass Lernen an Stationen eigentlich eine recht förderliche Methode zum Lernen sei. Die Schüler schätzten den Lernerfolg und die gewählten Methoden also insgesamt als weitgehend gut ein, was den positiven Eindruck festigt. In einem sich an die Reihe anschließenden kurzen Gespräch wurden mehrmals die weithin interessanten Stationen / Themen betont, und in Bezug auf das handlungsorientierte Lernen an Stationen stellten zwei Schüler heraus, dass diese Lernform eine Bestätigung des vor der Reihe durchgeführten Lerntypentests sei: Handlungsorientiertes Lernen verhilft zu besseren Lernergebnissen.

VII. Gesamtreflexion

Ein erklärte Ziel war es, mit Methoden zur Informationsverarbeitung ein neues Kenntnisniveau zu erlangen. Das Reihenziel „Die Schüler eignen sich das breite Spektrum des Widerstandes im Nationalsozialismus durch Methoden zur Informationsverarbeitung im Rahmen von Lernen an Stationen an“ wurde realisiert. Lernen an Stationen offenbarte sich als eine erfolgreiche Form zur Stoffaneignung und hat die übergreifende Struktur des Themas adäquat transportiert sowie transparent gemacht. Eine angemessene Verzahnung und eine brauchbare Struktur der Stationen lagen vor. Insgesamt waren die Planung und die Durchführung zweckdienlich für das Erreichen der Lernziele und die Arbeitsprodukte sowohl inhaltlich als formal ansprechend.

Die Analyseergebnisse bestätigten, dass die einzelnen Methoden zur Informationsverarbeitung geeignet waren zur Behandlung des Themas „Widerstand im Nationalsozialismus“. Abgesehen von dem CD-Rom-Text zur Bekennenden Kirche wären alle Operationsobjekte in Kombination mit den jeweiligen Methoden erneut einsetzbar.

Es zeigte sich, dass sich generell Methoden zur Informationsverarbeitung sinnvoll mit Lernen an Stationen verbinden lassen. Sowohl die Methoden zur Visualisierung als auch zur Textproduktion waren praktikabel, und die Techniken der Stufen 1 und 2 wiesen im Gebrauch keine signifikanten Unterschiede auf. Die Schüler haben die Funktion und die Brauchbarkeit der Methoden erkannt, und die Verknüpfung der drei Bereiche Inhalt, Groß- und Kleinmethode(n) war zweckgemäß.

Es war ein Unterricht, der vom Gewohnten abwich, sich in besonderer Weise interessant und abwechslungsreich gestaltete und die Selbständigkeit der Schüler förderte. Sinnvolle Freiräume erhöhten die Motivation. Besonders nützlich war das Ansprechen mehrerer Eingangskanäle, und die durchgehende Gruppenarbeit über einen recht langen Zeitraum erwies sich als sachdienlich. Aber auch die Präsentations- und die Beurteilungsphase waren gelungen, so dass zusammenfassend ein ansprechender Ablauf vorlag. Die zu beobachtende Lernfreude der Schüler und die motivierte Arbeitsweise untermauern den positiven Eindruck. Ein Zuwachs im kognitiven Bereich, aber auch bei der sozialen Kompetenz wurde deutlich. Die Kommunikations- und die Kooperationskompetenz ließen sich verbessern. Ebenso wurden die Methodensicherheit gestärkt und das Methodenrepertoire erweitert - auf Schüler wie auf Lehrerseite. Auch die gesteigerte Medienkompetenz ist zu betonen, da sie im heutigen Alltag und für die berufliche Qualifizierung von Belang ist.

Mit den geringen aufgezeigten Abweichungen könnte die Reihe auf jeden Fall nochmals durchgeführt werden. Die Resultate belegen, dass auch überwiegend längere Arbeitsaufträge an Stationen praktikabel sind, und die Anwendung dieser Methoden zur Informationsverarbeitung ließ überdies eine längere „Haltbarkeit des Wissens“ (Langzeitgedächtnis) vermuten. In diesem Zusammenhang wäre ein nach ein paar Wochen vollzogener Vergleich mit einer zweiten Lerngruppe, die sich den Stoff auf eine andere Weise aneignete, interessant gewesen.

Ohne hier wirklich messbare Ergebnisse vorlegen zu können, scheint sich die Unterrichtsreihe positiv auf das Klassenklima ausgewirkt zu haben. Die Folgen für die Lehrer-Schüler-Beziehung sind aufgrund der Kürze des Untersuchungszeitraums ebenso schwer zu belegen, sind aber nach meiner Einschätzung positiv.

Ein Schüler warf nach Beendigung der Reihe die Frage auf, ob denn Lernen an Stationen im Verhältnis von Zeitaufwand und Nutzen effizient sei. Wenn es um die reine Wissensvermittlung geht, lautet die Antwort „Nein“. Wenn aber der Aspekt selbständige Lernprozesse bei den Schülern zu initiieren, maßgebend ist, die vertiefte Stoffaneignung, die methodische, die kommunikative, die kooperative und allgemein die soziale Kompetenz einbezogen werden, dann auf jeden Fall.

Der Aufwand zur Planung des Stationenlernens ist für den Lehrer sehr hoch - aber auch für die Schüler gestaltet sich die Erarbeitung sehr intensiv. So übersteigt der Aufwand für die Konzipierung der Stationen die

Vorbereitung für gewöhnliche Stunden, die auch schülerzentriert sind, um einiges, obwohl der gewonnene Freiraum für die Beobachtung natürlich ausnehmend nützlich ist. Es entschädigt geringfügig, wenn man sich während der Stationenarbeit „ausruhen“ kann, sprich lediglich beobachtend und beratend tätig ist, was alle Autoren zu diesem Thema hervorheben - es bleibt aber bei einer insgesamt erheblich längeren Vorbereitungszeit.

Und das ist auch der Grund, weshalb sich diese Lernform außerhalb des Grundschulbereiches (hier gibt es viele vorgefertigte Materialien und der Aufwand ist im Ganzen wohl auch geringer) nicht durchschlagend etablieren kann. Irgendwelche Materialien zu einem Thema zusammenzustellen, reicht nicht aus; man muss geeignete Arbeitsaufträge entwickeln und die einzelnen Stationen müssen (eng) miteinander verzahnt sein, so dass sich insgesamt eine sinnvolle Struktur ergibt - eine nicht immer einfach zu lösende Aufgabe. So ist Lernen an Stationen dann besonders sinnvoll, wenn die Struktur eines Gegenstandes durchschaubar wird. Das sollte bei der Gestaltung eines solchen Unterrichts immer im Auge behalten werden.

So bleibt als Bilanz: Lernen an Stationen ist im Unterrichtsalltag nur dann häufiger realisierbar, wenn wirklich gute, klar strukturierte und überschaubare Materialien vorliegen oder wenn man von Verlagen o. Ä. konzipierte Unterlagen einsetzen kann (für den Geschichts- und Politik-/Sozialkundeunterricht ist bereits einiges verfügbar). Trotzdem möchte ich Lernen an Stationen weiterhin punktuell einsetzen (eine neue Einheit ist bereits in Planung), da sein Nutzen enorm ist - allerdings auf zwei bis drei Stunden begrenzt, um den Arbeitsaufwand in Grenzen zu halten und eine Abnutzung der Methode zu vermeiden. Einige Schüler fragten bereits, wann wir diese Unterrichtsform wieder praktizieren.

Literaturverzeichnis

- Ackermann, Paul / Gassmann, Reinhard: Arbeitstechniken der politischen Bildung. In: Methoden in der politischen Bildung - Handlungsorientierung. Hrsg. v. d. Bundeszentrale für politische Bildung. Bonn 1991, S. 74-84.
- Ackermann, Paul / Gassmann, Reinhard: Arbeitstechniken politischen Lernens kurzgefaßt. Stuttgart 1991.
- Aebli, Hans: Denken: Das Ordnen des Tuns. Bd. 1: Kognitive Aspekte der Handlungstheorie. Stuttgart 1993.
- Bauer, Roland: Lernen an Stationen. Neue Möglichkeiten schülerbezogenen und handlungsorientierten Lernens. In: Pädagogik. H. 7-8, 1998, S. 25-27.
- Bauer, Roland: Schülergerechtes Arbeiten in der Sekundarstufe I: Lernen an Stationen. Berlin 1997.
- Benz, Wolfgang / Pehle, Walter H. (Hrsg.): Lexikon des deutschen Widerstandes. Frankfurt a. M. 1994.
- Benz, Wolfgang: Widerstand: Zur Definition eines schwierigen Begriffs. In: Informationen zur politischen Bildung: Deutscher Widerstand 1933-1945. Hrsg. v. d. Bundeszentrale für politische Bildung. Bonn 1994, S. 8.
- Bergmann, Klaus / Bernlochner, Ludwig / Brixus, Rolf: Geschichte und Geschehen A 4. Geschichtliches Unterrichtswerk für die Sekundarstufe I. Schülerband. Leipzig 1997 / Lehrerband. Leipzig 2000.
- Bibliographisches Institut & F. A. Brockhaus AG (Hrsg.): 1848-1949. Ein Jahrhundert deutsche Geschichte. CD-ROM. Mannheim 1997.
- Brander, Sylvia: Denken und Problemlösen. Einführung in die kognitive Psychologie. Opladen 1985.
- Detjen, Joachim: Protokoll, Bericht, Referat. In: Handbuch zur politischen Bildung. Hrsg. v. Mickel, Wolfgang W. Bonn 1999, S. 428-433.
- Dörr, Margarete: Historisches Wissen. In: Handbuch der Geschichtsdidaktik. Hrsg. v. Bergmann, Klaus / Fröhlich, Klaus / Kuhn, Annette. 5. überarb. Aufl. Seelze-Velber 1997, S. 287-289
- Gödert, Winfried: Information als eine kognitive Konstruktion - ein Beitrag zum Verständnis des Informationsbegriffes. In: Buch und Bibliothek. H. 3, 1996, S. 272-278.

• Heil, Ulrich von: Die Kirchen in der NS-Diktatur. Zwischen Anpassung, Selbstbehauptung und Widerstand. In: Deutschland 1933-1945. Neue Studien zur nationalsozialistischen Herrschaft. Hrsg. v. Bracher, Karl-Dietrich / Funke, Manfred / Jacobsen, Hans-Adolf. 2., erg. Aufl. Bonn 1993, S. 153-181.
• Henke-Bockschatz, Gerhard: Entdeckendes Lernen. In: Handbuch der Geschichtsdidaktik. Hrsg. v. Bergmann, Klaus / Fröhlich, Klaus / Kuhn, Annette. 5. überarb. Aufl. Seelze-Velber 1997, S. 406-410.
• Holzkamp, Klaus: Lernen. Subjektwissenschaftliche Grundlegung. Frankfurt a. M. 1993.
• Klippert, Heinz: Handlungsorientierter Politikunterricht. Anregungen für ein verändertes Lehr- / Lernverständnis. In: Methoden in der politischen Bildung - Handlungsorientierung. Hrsg. v. d. Bundeszentrale für politische Bildung. Bonn 1991, S. 9-30.
• Klippert, Heinz: Methodentraining mit Schülern. Strategisches Lernen im Politikunterricht. In: Methoden in der politischen Bildung - Handlungsorientierung. Hrsg. v. d. Bundeszentrale für politische Bildung. Bonn 1991, S. 85-114.
• Klippert, Heinz: Methodentraining. Übungsbausteine für den Unterricht. Weinheim 1994.
• Landesbildstelle Berlin (Hrsg.): Die Geschwister Scholl. Hörspiel. Berlin 1959.
• Löwenthal, Richard: Widerstand im totalen Staat. In: Widerstand und Verweigerung in Deutschland. Hrsg. v. Löwenthal, Richard / von zur Mühlen, Patrik. Bonn 1997, S. 11-24.
• Meyer, Hilbert: Unterrichtsmethoden I: Theorieband. Frankfurt a.M. 1987.
• Meyer, Hilbert: Unterrichtsmethoden II: Praxisband. Frankfurt a.M. 1987.
• Mickel, Wolfgang W. (Hrsg.): Handbuch zur politischen Bildung. Bonn 1999.
• Moll, Christiane: Die Weiße Rose. In: Widerstand gegen den Nationalsozialismus. Hrsg. v. Steinbach, Peter / Tuchel, Johannes. Bonn 1994, S. 443-467.
• Neber, Heinz: Entdeckendes Lernen. Weinheim 1973.

- Neber, Heinz: Selbstgesteuertes Lernen. Psychologische und pädagogische Aspekte eines handlungsorientierten Lernens. Weinheim 1978.
- Pädagogisches Zentrum des Landes Rheinland-Pfalz (Hrsg.): Mit Freuden lernen. Offene Unterrichtsarbeit 3: Lernen lernen. Bad Kreuznach 1995.
- Paul, Gerhard: Die widerspenstige „Volksgemeinschaft". Dissens und Verweigerung im Dritten Reich. In: Widerstand gegen den Nationalsozialismus. Hrsg. v. Steinbach, Peter / Tuchel, Johannes. Bonn 1994, S. 395-410.
- Peukert, Detlev: Volksgenossen und Gemeinschaftsfremde: Anpassung, Ausmerze und Aufbegehren unter dem Nationalsozialismus. Köln 1982.
- Rohlfes, Joachim: Operationalisierung. In: Handbuch der Geschichtsdidaktik. Hrsg. v. Bergmann, Klaus / Fröhlich, Klaus / Kuhn, Annette. 5. überarb. Aufl. Seelze-Velber 1997, S. 367-369.
- Sandvoß, Hans-Rainer: Widerstand in Pankow und Reinickendorf. Berlin 1992.
- Sommer, Wilhelm: Widerstand im Nationalsozialismus. In: Geschichte lernen: Widerstand im Nationalsozialismus. H. 40, 1994, S. 9-15.
- Steinbach, Peter: Der Widerstand gegen die Diktatur. Hauptgruppen und Grundzüge der Systemopposition. In: Deutschland 1933-1945. Neue Studien zur nationalsozialistischen Herrschaft. Hrsg. v. Bracher, Karl-Dietrich / Funke, Manfred / Jacobsen, Hans-Adolf. 2., erg. Aufl. Bonn 1993, 452-473.
- Ueberschär, Gerd R.: Der militärische Umsturzplan: Die Operation „Walküre". In: Widerstand gegen den Nationalsozialismus. Hrsg. v. Steinbach, Peter / Tuchel, Johannes. Bonn 1994, S. 353-363.
- Van der Gieth, Hans-Jürgen: Lernzirkel. Die neue Form des Unterrichts. Kempen 1999.
- Vester, Frederic: Denken, Lernen, Vergessen. Stuttgart 1975.
- Vorläufiger Rahmenplan für Unterricht und Erziehung in der Berliner Schule: Fach Geschichte. Klassen 7 bis 10. Hrsg. v. d. Senatsverwaltung für Schule, Berufsbildung und Sport. Berlin 1995.
- Wenzel, Hartmut: Unterricht und Schüleraktivität. Probleme und Möglichkeiten der Entwicklung von Selbststeuerungsmöglichkeiten im Unterricht. Weinheim 1987.

- Widerstand gegen Hitler 3: Aufstand der Offiziere. Polyband München 1995, 60 Min.
- Zarusky, Jürgen: Jugendopposition. In: Lexikon des deutschen Widerstandes. Hrsg. v. Benz, Wolfgang / Pehle, Walter H. Frankfurt a.M. 1994, 98-112.

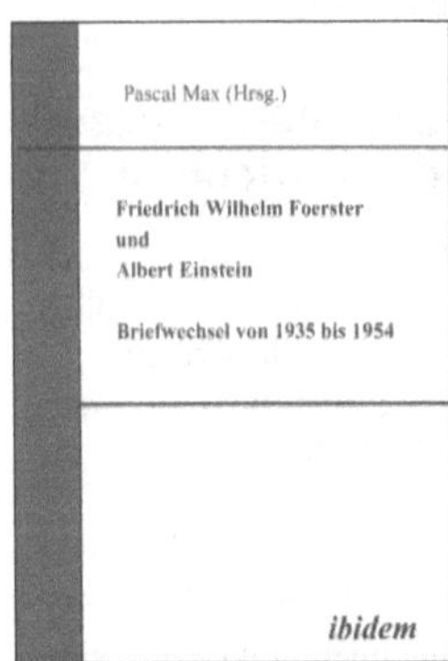

Pascal Max

Friedrich Wilhelm Foerster
und
Albert Einstein.
Briefwechsel von 1935 bis 1954

ISBN 3-89821-168-1
134 S., EURO 29,80

Erhältlich in jeder Buchhandlung oder direkt bei
ibidem

In dem von Pascal Max herausgegebenen Band wird erstmals der Briefwechsel zwischen Friedrich Wilhelm Foerster und Albert Einstein in den Jahren 1935 bis 1954 der Öffentlichkeit zugänglich gemacht. Im Mittelpunkt dieses Briefwechsels stand die kritische Auseinandersetzung mit dem Nationalsozialismus und dem Zweiten Weltkrieg, wobei Möglichkeiten der politischen Aufklärung sowie der Einflußnahme auf die alliierten Regierungen erörtert wurden.

Der Herausgeber:

Dr. Pascal Max ist Erziehungswissenschaftler, Philosoph und Historiker.

Leseprobe: Brief Albert Einsteins an Friedrich Wilhelm Foerster vom 25. September 1935:

Old Lyme, Conn., den 25. September 1935
(ab 1. Oktober: 112 Mercer Str., Princeton N. J.)

Professor
Dr. Fr. W. Foerster
3 village Suisse
Paris-Plage

Sehr geehrter Herr Foerster:

Ich weiss, wie recht Sie mit jedem Wort haben, das Sie in Ihrem Briefe über die von Hitler-Deutschland drohende Gefahr und über die Wichtigkeit einer systematischen Gegenpropaganda gesagt haben. Sie täuschen sich aber durchaus über die Möglichkeiten, in Amerika Gelder für eine solche Propaganda flüssig zu machen. Da gibt es nur ein Wort: hoffnungslos! Hier sind alle politischen Strebungen auf die Lösung der wirtschafts-politischen Probleme in Amerika gerichtet, und die übrige Welt kümmert die Amerikaner nicht ernsthaft, sondern nur als Quelle von Sensationen. Wer sich hier für internationale Politik in positivem Sinn interessiert oder gar einsetzt, ist verdächtig und gilt nicht nur als Phantast, sondern als schlechter Patriot. Was die Juden anlangt, so sind sie stets geneigt, Geld zur Linderung der momentanen Not zu geben. Für politische Aktionen kann man sie aber nicht mobil machen, zumal ihre Belastung auch hier unerträglich gross und der auf ihnen lastende zusätzliche ökonomische Druck recht hart ist. So ist Warburg - ganz abgesehen von mangelndem Weitblick - bereits hoffnungslos belastet. Roosevelt ist ein ehrlicher Patriot, dem Europa so eine Art balkanisiertes Kamerun bedeutet und dessen Tatkraft völlig durch nächstliegende Sorge absorbiert ist. Seine gegenwärtige Politik ist systematisches Desinteressement Amerikas an äusseren Streitfragen verbunden mit der Ueberzeugung, dass dies sich in alle Zukunft wird durchsetzen lassen.

Nach meiner Ueberzeugung kann in Ihrer Sache nur etwas erreicht werden durch Unterstützung einer Aktion wie der Ihren durch die bedrohten europäischen Staaten: Frankreich, Belgien, Tschechoslowakei (Benesch), die kleine Entente und Sowjetrussland! Ich habe England nicht genannt gemäss meiner persönlichen Erfahrungen mit England. Diese Leute scheinen die Gefahr recht gering einzuschätzen, oder sie denken insgeheim, Deutschland gegen Russland ausspielen zu können. Wenn ich nicht vor den politischen Fähigkeiten der Engländer einen so infamen Respekt hätte und nur ihr Verhalten in dieser Sache kennen würde, würde ich sie direkt für blind und borniert halten. Es fehlt mir aber das Selbstvertrauen, eine solche Auffassung für diskutabel zu halten. Jedenfalls fehlt es den Engländern genau wie den Amerikanern an irgendwelcher ehrlicher Sorge um Europas Schicksal.

Zürnen Sie mir nicht wegen der pessimistischen Haltung, die ich hier einnehme. Es hat schliesslich keinen Sinn, gestützt auf unbegründete Illusionen mit hoffnungslosen Bestrebungen, Zeit zu verlieren. Was mich selber betrifft, so fehlt es mir völlig an Beziehungen zum politischen Leben. Ich kann also selbst nichts in die Wege leiten. Wohl aber kann ich Sie mit so ziemlich jedem Menschen in Verbindung bringen, von dem Sie dies wünschen, weil ich genügend bekannt bin und niemand an der Ehrlichkeit meiner Absichten zweifelt.

Freundlich grüsst Sie
Ihr
Albert Einstein

ibidem-Verlag • Melchiorstr. 15 • 70439 Stuttgart • Tel.: 0711/9807954 • Fax: 0711/8001889
ibidem@ibidem-verlag.de

Till Baumann

Von der
Politisierung des Theaters
zur Theatralisierung der Politik

Theater der Unterdrückten
im Rio de Janeiro der 90er Jahre

ISBN 3-89821-144-4
208 S., zahlr. Abb. und Fotos, Paperback
EURO 29,90

"Theater der Unterdrückten" – vielen ist Augusto Boals emanzipatorische Theaterpraxis noch aus den 70er und 80er Jahren bekannt. Lange hatte Boal im Pariser Exil gelebt und war in Europa inzwischen mindestens genauso bekannt geworden wie in seiner brasilianischen Heimat. Doch was ist seit seiner Rückkehr nach Brasilien Ende der 80er Jahre geschehen? Wie und wohin haben er und andere das Theater der Unterdrückten in Rio de Janeiro weiterentwickelt? Diesen Fragen geht Till Baumann in seinem Buch nach. Es handelt von Kultur und Partizipation, von Emanzipation und Kunst, von einer völlig neuartigen Verbindung von Theater und Politik: dem *Legislativen Theater* – einem Ansatz, der weiter geht als die bisherige Praxis des Theaters der Unterdrückten. Denn so wie die ZuschauerInnen sich im Theater der Unterdrückten aus ihrer Passivität befreien und zu AkteurInnen werden, hören BürgerInnen im Legislativen Theater auf, bloße ZuschauerInnen herrschender Politik zu sein. Es geht um neue Formen von Politik, in denen Theater eine zentrale Rolle spielt und neue Partizipationsmöglichkeiten eröffnet.

Der Autor:

Till Baumann ist Diplom-Pädagoge, freier Theatermacher und Musiker. Er lebt in Berlin. Für dieses Buch forschte und arbeitete er drei Monate lang am Zentrum des Theaters der Unterdrückten in Rio de Janeiro.

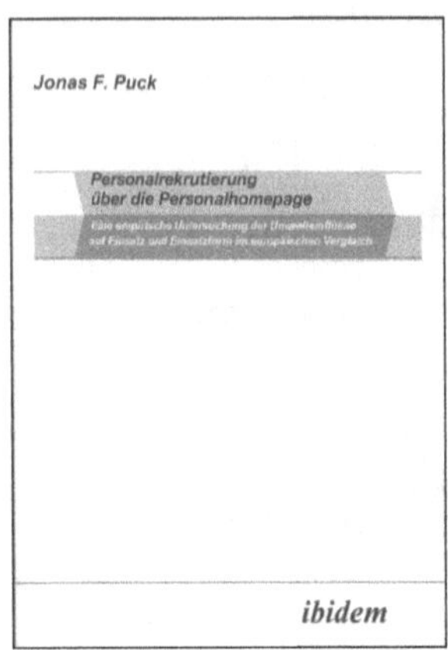

Jonas F. Puck

PERSONALREKRUTIERUNG ÜBER DIE PERSONALHOMEPAGE

Eine empirische Untersuchung der Umfeldeinflüsse auf Einsatz und Einsatzform im europäischen Vergleich

ISBN 3-89821-185-1
160 S., € 24,90

Erhältlich in jeder Buchhandlung oder direkt bei

ibidem

In den letzten Jahren hat sich das internationale Management gewandelt. Insbesondere das Personalmanagement und der Einsatz moderner Kommunikationstechniken haben intensiv an Bedeutung gewonnen. Die Personalrekrutierung im Internet führt eben diese beiden Elemente zusammen und verspricht Effizienzgewinne im Prozess der Personalrekrutierung. Insbesondere der Einsatz der Personalrekrutierung über die firmeneigene Personalhomepage wird in der Literatur diskutiert.
Fraglich ist jedoch, ob Umfeldeinflüsse einen national differenzierten Ansatz der Personalrekrutierung über die Personalhomepage notwendig machen. Ziel dieser Studie ist es, diese Umfeldeinflüsse auf Einsatz und Einsatzform der Personalrekrutierung zu erarbeiten und empirisch zu überprüfen. Zur Überprüfung wurden dabei die Personalhomepages der jeweils 50 größten Unternehmen aus Deutschland, Italien und Großbritannien untersucht.

Der Autor:
Jonas F. Puck, Jahrgang 1974, studierte Betriebswirtschaftslehre mit internationalem Schwerpunkt in Berlin und Nürnberg. Er ist derzeit als Mitarbeiter am Lehrstuhl für Internationales Management der Friedrich-Alexander-Universität Erlangen-Nürnberg tätig.

Tina Schöpfer

Politische Show in Italien:

Die Selbstdarsteller Umberto Bossi und Silvio Berlusconi

Eine vergleichende Analyse

ISBN 3-89821-191-6
164 S., € 29,90

Erhältlich in jeder Buchhandlung oder direkt bei

ibidem

Umberto Bossi, Parteiführer der Lega Nord, und Silvio Berlusconi, Parteiführer von Forza Italia, zählen zu den erfolgreichsten Politikern Italiens. Beide beherrschen die politische Inszenierung nach allen Regeln der Kunst. Während Umberto Bossi in erster Linie durch sein bewusst ungepflegtes Äußeres und seine rüde und sexistische Sprache auf sich aufmerksam macht, setzt Silvio Berlusconi, Medienmogul und Präsident des AC Mailand, gezielt die italienische Fußballbegeisterung für sein Kommunikationsmanagement ein.

Tina Schöpfer zeigt in ihrer politikwissenschaftlichen Analyse auf, in welche Rollen Umberto Bossi und Silvio Berlusconi schlüpfen, welche Themen sie besetzen, welche Sprache sie sprechen und welche Symbole sie benutzen, um sich medienwirksam darzustellen. Die Autorin vertritt die These, dass erfolgreiches Kommunikationsmanagement sich der politischen Kultur des jeweiligen Landes anpassen muss. Damit ist ihre Analyse nicht nur für das Verständnis der politischen Kommunikation in Italien von Interesse, sondern auch für die politische Kommunikationsforschung in anderen europäischen Ländern.

Die Autorin:

Tina Schöpfer, M.A., geb. 1975, studierte Politikwissenschaft sowie Italienische und Französische Sprach- und Literaturwissenschaft an der Universität des Saarlandes und arbeitete als freie Journalistin und Dozentin für Italienisch. Sie verbrachte mehrere Forschungsaufenthalte in Italien und studierte u.a. an der Ausländeruniversität Perugia. Zur Zeit ist sie als wissenschaftliche Mitarbeiterin der Universität des Saarlandes am Institut für Politikwissenschaft tätig.

ibidem-Verlag • Melchiorstr. 15 • 70439 Stuttgart • Tel.: 0711/9807954 • Fax: 0711/8001889
ibidem@ibidem-verlag.de

Zeitfracht Medien GmbH
Ferdinand-Jühlke-Straße 7
99095 Erfurt, Deutschland
produktsicherheit@kolibri360.de